AF358528

ERES FÉRTIL

RECUPERA TU PODER CREADOR

Patricia Bartolomé

ERES
FÉRTIL

RECUPERA TU PODER CREADOR

La seguridad, la confianza
y la capacidad que necesitas para lograr SER MADRE.

PsicoBioFertilidad

Título: *Eres fértil, recupera tu poder creador*
© 2019, Patricia Bartolomé
Autoedición y Diseño: 2019, Patricia Bartolomé

Primera edición: febrero de 2019
Segunda edición: marzo de 2020
Depósito legal: M-42119-2018
ISBN: 978-84-09-07412-9

Te lo dedico a ti...
Bella y sagrada mujer, Diosa que habitas en ti, Diosa que habitas en mí.
A todas vosotras, Diosas que me disteis la vida.
A todas las Diosas que vendrán...

Sobre la autora

Patricia Bartolomé es ingeniera de telecomunicaciones y una incansable investigadora del funcionamiento del ser humano, motivada por su mentalidad científica y la búsqueda de soluciones a sus propias experiencias personales.

Es psicobioterapeuta y terapeuta transgeneracional; experta en meditación, técnicas de relajación y visualización

creativa; así como maestra en diversas técnicas energéticas y máster en Programación Neurolingüística.

En los últimos quince años se ha dedicado a estudiar y comprobar los efectos de los pensamientos, las emociones y la energía en nuestra biología, la unión inseparable de estas cuatro partes que forman el ser humano.

Asesora y acompaña a personas con problemas diversos; entre ellos, todos los relacionados con la fertilidad. Creadora del método Las Leyes de la Fertilidad, ha escrito varios libros sobre el tema, además de dar conferencias e impartir cursos en los que enseña a conseguir el objetivo de ser madre y a recuperar el poder creador de cada persona. Colabora con diversos especialistas de renombre, nutricionistas, ginecólogos o matronas, entre otros.

Patricia ha probado y experimentado en ella misma todo lo que aplica y enseña. Ha ayudado a miles de personas a transformar sus vidas, y en los últimos años, el 95% de las mujeres que han seguido su programa completo de fertilidad son madres.

Agradecimientos

A todas esas mujeres que están buscando un hijo, que se sienten culpables e incapaces, que se les pasa el tiempo y que, en la eterna espera, un día se encuentran en la desesperación, en desacuerdo con sus pensamientos, en lucha con sus emociones y tremendamente enfadadas con sus cuerpos.

A las que llevan tanto tiempo intentándolo, pensando que quizá nunca se cumpla su sueño; a las que hoy son niñas, adolescentes y adultas que quieren ser mamás en el futuro; a las que se están planteando intentarlo; a las que tienen claro que quieren ser madres; a las que se les despertó el reloj biológico, y a las que creen carecer de instinto maternal.

A las que lo intentaron durante mucho tiempo, nunca lo consiguieron y ya no lo volverán a intentar.

A las que lo consiguieron, muchas veces, demasiadas, hasta llegarlo a rechazar. A las que lo perdieron, a las que se lo quitaron, a las que lo rechazaron y no pueden sanar su sentimiento de culpa.

A todas las que no tuvieron las herramientas para lograrlo.

A todas, gracias, por haceros tan fuertes en la soledad.

A mí porque prácticamente en todas me encuentro. Por quererme, aceptarme, merecerme, decidirme, capacitarme, liberarme, no juzgarme, abrazarme, amarme y convertirme en la mejor versión de mí misma.

Gracias a ti, porque puedes hacer lo mismo.

Para que la culpa, el juicio, la desvalorización, las partes más oscuras y las memorias femeninas ancestrales que estén dañadas puedan sanar y con tu poder puedas reconectar y CREAR.

Índice

3. ORGULLO Y VERGÜENZA

4. COMPRENSIÓN, LIBERTAD Y JUICIO

5. MERECIMIENTO, PERDÓN Y CULPA

INTRODUCCIÓN

Cuando te das cuenta

¿Te acuerdas de la historia que dejé a medias en la introducción al primer libro *(Las leyes de la fertilidad)*? Aquí se había quedado:

El último aborto fue la gota que colmó el vaso, porque además ponía en riesgo mi vida. El embarazo ectópico fue el palo más gordo, tanto físico como emocional. Me encontraba muy mal, y tras atenderme de urgencia en el hospital, me anunciaron que estaba embarazada; entonces, me alegré de que esa fuese la razón de mi malestar, pero enseguida se vino abajo la ilusión al saber que el embrión se hallaba implantado en una trompa y que había que provocar el aborto u operar inmediatamente. No sé qué me dolió más: si perderlo de nuevo o pensar que me podía morir. Y entonces, decidí desmayarme…

Cuando volví en mí, me hallaba en una habitación de urgencias atendida por dos amabilísimas enfermeras. Las descubrí mirándome con mucho cariño, a la vez que comentaban entre ellas: «Así no la pueden intervenir. Hay que esperar a que se recupere, a que se estabilice…». Y ahí recuerdo que sonreí.

De repente, se había detenido el tiempo y tenía la posibilidad de estar unos minutos, incluso alguna hora, sola y tranquila conmigo misma para poder conectar con mi cuerpo y con ese bebé que se tenía que ir. Una parte de mí había conseguido obtener ese margen temporal extra y debía aprovecharlo muy bien. Así que me dejaron sola mientras me reponía un poco. Mi pareja aún no había llegado porque justo le acababan de avisar de lo ocurrido, y nadie más en el mundo (incluida mi familia) sabía que estaba allí.

A otra persona esa soledad le hubiera hecho entristecerse, asustarse o encontrarse peor, pero como TODO EN LA VIDA ES EL SENTIDO QUE LE DAMOS Y CÓMO LO VIVIMOS CADA UNO, para mí fue una bendición.

Todo el trabajo interior que había hecho me permitió ver que ese instante de mi vida servía para algo y entré en una meditación profunda en la que conecté completamente con mi cuerpo, mis sensaciones y mi aparato reproductor; hablé con ese bebé, lloré, negocié, escuché, reí y comprendí solo algunas cosas, no todas (algunas las entendí más tarde), pero las suficientes para acordar que si se tenía que ir lo íbamos a hacer de la mejor manera. Mi cuerpo era capaz de afrontar lo inevitable, y decidí entregarme a una especie de sueño lúcido inducido del que me desperté cuando mi pareja entró en la habitación.

De pronto, fui consciente de que ya todo estaba en marcha.

Estuvimos un rato charlando y cuando regresaron las enfermeras les pedí que por favor llamaran a una ginecóloga. Enseguida apareció un ángel de mujer que atendió amablemente a mi petición de permanecer un tiempo más allí vigilándome porque yo sentía que el aborto se había empezado a producir de manera natural y que no iba a necesitar la intervención. De todos modos, regularmente me hacían revisión, analítica y ecografía para comprobar que la beta iba bajando. Llevaban un estricto control de todo, y eso me transmitía la seguridad de que, aun en el supuesto de que surgiese algún tipo de complicación, actuarían de inmediato.

Esa misma noche, de forma «extraña» la beta había bajado tanto que decidieron darme el alta y dejar que la naturaleza se ocupase del resto del proceso.

Como te contaba en el primer libro de la trilogía, fueron nueve días terribles, de un profundo dolor físico y emocional. Pero decidí que tenía que aprovechar para seguir conversando con mi cuerpo, para escuchar sus mensajes, para llorar y comprender muchas cosas, para acompañar la pérdida y que esta no fuera en vano. Y así logré entrar más que nunca en mi vida, en pleno contacto con mi cuerpo, y tomé conciencia de lo que era capaz con mi pensamiento, de la emoción que podía generar y de la respuesta biológica que se podía producir. Yo misma me sorprendí.

Mi mente hizo clic y me desveló la posibilidad real de recuperar todo mi poder creador a cualquier nivel, incluido el físico. Ahí me di cuenta de que el dolor que padecía era el de parirme a mí misma.

Pocos días después, tras haber pensado tantas veces antes que nunca era el momento perfecto, me di cuenta de que lo que necesitaba era ser la persona perfecta, en el sentido de adecuada, en el momento y el lugar adecuados. Solo así podrían suceder ciertas cosas en mí y en mi vida.

Además de todas las bases y las leyes que había estudiado y que estaba desarrollando y empezando a aplicar, en mi caso necesitaba hacer un profundo trabajo en mi interior, en quien yo era, en mi estructura femenina.

Había sentido mucho miedo a que todo lo que estaba trabajando y probando no me funcionara. Como tú, quería resultados ya. El tiempo jugaba en mi contra y temía no lograr ser nunca madre. El simple hecho de pensarlo me bloqueaba por completo y me metía en un estado emocional terrible.

Fue este trabajo en mi interior como persona y como mujer el que me ayudó a encontrar mi capacidad y mi creencia en que conseguiría convertirme en madre sin ningún lugar a dudas, y contribuyó a que pasara en menos tiempo y con menos sufrimiento, al hacer que mi cuerpo me diera la respuesta deseada.

Por eso hoy tengo la certeza de que tú también puedes hacerlo, de que tu cuerpo puede responder a tu deseo. No solo influyen la edad, la reserva ovárica o la calidad de los óvulos; de hecho, hay mujeres de 25 años que intentan donar ovocitos pero carecen de los suficientes, o no valen, o no responden a la medicación, y esto les ocurre a más de un 25%. No solo intervienen condicionantes externos, sino la respuesta que tú puedes crear en ti por dentro, pero para eso tienes que tomar conciencia de lo que está dañado y cambiarlo. Mi intención al escribir este libro es darte las herramientas para recuperar tu capacidad y creer en ella.

Da la vuelta a lo que estás pensando y sintiendo. ¡Ya!

<u>No hay más que una premisa: aceptar que eres responsable de lo que pasa en ti.</u>

Desde un principio supe que el cien por cien de la responsabilidad de todo lo que estaba ocurriendo era mía. ¡¡¡No la culpa!!! Cuidado… No se trata de culpabilidad, se trata de responsabilidad, y eso significa ser conscientes de lo que somos capaces.

Este es el punto más difícil, lo sé, y quizá pienses que tú no puedes, porque es duro asumirlo, porque nos han educado en que el poder lo tiene otro, en decir «no sé», en que me digan, en que me hagan, en que me solucionen…, y en muchas ocasiones nos sometemos a cualquier procedimiento como si confiásemos en una varita mágica, que en realidad sigue deteriorándote física y psíquicamente. Nos hemos creído que no queda más remedio que abandonarse a la suerte o al destino, lo cual, efectivamente, dificulta cambiar de paradigma, pero te aseguro que es posible, y que no hay nada más difícil que encontrarse sin poder, con la impotencia y sin saber qué hacer.

Por eso te voy a ayudar con los ejercicios que yo utilicé y que aquí te propongo, pero tú tienes la responsabilidad de hacerlos y de tomar las riendas que te pondrán en contacto con tu poder.

Yo vi cómo mi cuerpo fue capaz de recuperarse de algo inexplicable porque me creí capaz de ello. Es verdad que ya había hecho mucho trabajo personal —el que tú vas a realizar—, pero estoy segura de que creer en la capacidad de mi cuerpo, hablarle y comunicarme con él creyéndole capaz de todo fue lo que propició que obtuviera aquella respuesta. Esa capacidad dependía de todo lo que en este libro te cuento referente a la autoestima.

Autoestima y fertilidad

¿Pero qué es eso de la autoestima? ¿Y qué tiene que ver con la fertilidad?

La definición de *autoestima* es precisamente esa, el conjunto de ideas y pensamientos que no ponemos en duda, es decir, de creencias, de experiencias y de sentimientos que tenemos sobre nosotros mismos.

Y como ya sabes, la mayoría de ellos ocurren a nivel inconsciente.

Por ello, es necesario trabajar en la visión, el aprecio y la consideración que tienes de ti misma, que en el fondo te creas capaz de todo. Se trata de que obtengas la certeza, la seguridad y la confianza, sin miedo ni juicio alguno.

Parece increíble la conexión que hay entre estos conceptos y la respuesta de la biología. Autoestima y biología van todo el tiempo de la mano. Recuperar la autoestima es lo que yo he llamado «recuperar tu poder», y esto incluye el poder físico. Tu problema no es un problema físico, es un resultado físico.

A medida que avances en el libro, comprobarás que le da la vuelta por completo a lo que estamos acostumbradas a pensar y a oír, por eso es importante hacerlo, porque hasta ahora no le has encontrado explicación a lo que te ocurre, y después de todo lo que has hecho, continúas igual o peor. Al darle la vuelta verás que superas el malestar y obtienes otro resultado.

A lo largo de estas páginas, como en el resto de la trilogía de Las Leyes de la Fertilidad, te ofrezco acompañamiento, reconocimiento de lo que estás viviendo y comprensión, e intento quitarte presión, kilos de culpa, ansiedad y tristeza, así como hacer más efectivos tus días fértiles y cualquier tratamiento que estés siguiendo, y lograr que te sientas segura y capaz de tener un hijo.

Hay mujeres a las que incluso les he oído decir «¿quién soy yo para ser madre?». Una pregunta como esta demuestra un grado de desvalorización y de desconcierto acerca de la propia identidad que urge transformar. Necesitas convertirte en una nueva mujer, en una nueva adulta, en una nueva adolescente, en una nueva niña, en una nueva hija y en una nueva madre…

Quizá te preguntes, igual que yo un día… ¿Pero en qué momento he perdido esta capacidad?

Yo era fuerte, me veía una *superwoman*, ni por asomo me creía débil en ningún sentido; al contrario, me sentía capaz de todo, me quería mucho, me veía bien físicamente, me valoraba y me valoraban, en lo personal y en lo profesional, había conseguido retos y objetivos importantes… Entonces, ¿qué era esto?

Y fue ahí cuando en mi curiosidad me atreví a cuestionarme, a no conformarme, a mirarme más allá de la imagen que había formado de mí, y me di cuenta de lo que había debajo: no solo de lo que había vivido, aprendido o visto en las mujeres de referencia en mi vida (como mi madre), sino de lo que había heredado consciente e inconscientemente de todas las mujeres de mi pasado, de todas las mujeres gracias a las que yo había venido al mundo...

Reflexionando, tomé conciencia de que siempre había visto en lo femenino la sumisión, el miedo, la obligación, el hábito de callar, la dependencia, la sensación de incapacidad, el victimismo, el aguantar..., porque así habían actuado las mujeres de mi familia (mi madre, mi abuela y toda la línea ancestral femenina), pues es lo que habían aprendido; para ellas no cabía otra posibilidad y lo habían hecho lo mejor que habían podido, pero ante mí se presentaban otras alternativas.

Con todo, repetía algunos de sus patrones sin querer, y eso era un claro síntoma de que una parte de mí estaba dañada e incapacitada. Por aprendizaje, por repetición, por algo más que en ese momento no me explicaba... Así, el hecho de no quedarme embarazada no solo se debía a todo lo que había vivido, sino también, en buena medida, a las vivencias de mis antepasadas.

Investigando por esa línea, encontré la demostración científica de lo que pasaba...

Línea ancestral femenina

La Universidad de California, en San Francisco (Estados Unidos), había realizado una investigación con diferentes familias que demostraba por primera vez cómo las hijas heredan la estructura del cerebro emocional de sus madres.

Las estructuras de los circuitos córtico-límbicos (asociados a las emociones) se transmiten más a menudo de madres a hijas que de madres a hijos o de padres a hijas o hijos.

La información del sistema límbico controla respuestas fisiológicas ante estímulos emocionales, y según este estudio, algunas de esas respuestas son heredadas, es decir, se producen en nosotras cuando realmente el origen ha podido iniciarse en nuestra madre, nuestra abuela o incluso varias generaciones más atrás[1].

Definitivamente, esto era un tema que tenía que tratar en mí, observando muy detalladamente cuáles habían sido los pensamientos, las emociones, las vivencias y los aprendizajes de mi línea materna ancestral femenina.

Me puse manos a la obra y encontré en ellas el origen y el resultado inconsciente de parte de lo que yo había llegado a ser, y entendí que era mi responsabilidad sanar eso, y que al hacerlo, no solo iba a cambiar en mí sino que iba a cambiar para siempre en todas ellas, por el simple hecho de no repetirse más. De mí dependía obtener otra respuesta fisiológica y emocional, y al mismo tiempo reconocer y sanar lo que mis antepasadas habían sufrido, para darle la vuelta a todo y vivir lo que ellas hubieran querido decir, sentir y hacer.

Dediqué bastante tiempo a investigar y reflexionar sobre lo vivido por las mujeres de mi pasado, desde el punto de vista de lo femenino, como madres, como hijas, como pareja, y vi en repetidas ocasiones la profunda desvalorización de que habían sido objeto, pues solo existían para servir al marido y tener hijos, hijos que a veces ni habían deseado, pero que tampoco se habían atrevido a confesarlo.

Utilicé todo eso para empoderarme y empoderarlas, a la vez que para agradecerles, porque ellas no habían podido hacer otra cosa, pero yo sí podía y tú también puedes.

---

1 La ciencia ha demostrado que podemos heredar información de hasta siete generaciones anteriores. Te lo explico en un artículo de mi blog dedicado a la herencia emocional: https://patriciabartolome.com/transgeneracional/demostraciones-transgeneracional-1/

A lo largo de las generaciones y de los siglos, el poder femenino se ha ido deteriorando y perdiendo valor hasta hacerse muy chiquitito; como resultado, el poder femenino en mí era de tamaño minúsculo.

Te pregunto lo mismo que yo me preguntaba:

- ¿Cuál ha sido y es la autoestima y el poder de mi madre?
- ¿Y el de mi abuela, y el de mi bisabuela, y el de mi tatarabuela…?
- ¿Cuál ha sido la sensación de culpa?
- ¿De impotencia?
- ¿De incapacidad de hacer otra cosa?
- ¿De resignación?
- ¿De sumisión?

¿Y qué podía haber heredado yo de todo eso?

El resultado estaba claro…

… tanto en las mujeres de mi familia como en las de la tuya, y en todas esas mujeres que conforman el inconsciente colectivo femenino, que es mucho más poderoso y más subconsciente aún que el individual o el familiar.

No solo tuve que indagar en cada una de sus vivencias para no repetirlas de manera inconsciente por fidelidad y amor mal entendido a ellas, o como la solución que les hubiera gustado, sino que además tuve que trabajar esa estructura de autoestima y poder de la mujer, de lo femenino y de la creación.

Nunca me imaginé haciendo este tipo de trabajo, pero reconozco que darme cuenta y transformarlo es de lo mejor que me ha pasado.

Y también tengo claro que si tú estás aquí hoy leyendo esto es por algo: no por tu incapacidad o debilidad; más bien, por todo lo contrario... En este proceso, me he dado cuenta de la gran capacidad, la gran fortaleza y el gran valor que tiene cada mujer que sufre problemas de fertilidad, porque no es más fuerte quien no pasa por nada, sino quien supera los obstáculos. La vida nos pone delante cosas para experimentar y superar, y si te ha tocado vivir esto ahora es porque tienes las herramientas para superarlo, y cuando las utilices, verás que lo que parecía tu mayor debilidad se vuelve tu mayor fortaleza. Al fin y al cabo, está pasando, ¿no? Pues es tu responsabilidad vivirlo de otra forma. Puedes transformar este hierro atravesado en tu camino en un ardiente fuego que lo funda y del que salten chispas de vida.

Algunas mujeres se ofenden cuando les digo que tropezar con esta dificultad es nuestra mayor oportunidad y bendición para levantarnos más fuertes y convertirnos en otra mujer, para sanar todas las cosas que de otra manera nos hubieran hecho seguir siendo la misma que fue nuestra madre, nuestra abuela o nuestra bisabuela. Sé que hay un crecimiento que sin esta experiencia no habría sido posible, pero solo podrás estar de acuerdo conmigo cuando lleves a cabo este trabajo y así comprendas lo que ahora te digo.

No tienes que creerme, tienes que experimentarlo.

Con todo esto de la herencia matrilineal, quizá ahora entiendas por qué es tan importante y profundo trabajar las memorias uterinas, puesto que todas y cada una de nosotras, de útero en útero, transmitimos esa información[2].

---

2 Recuerda la historia «Cartas al útero», del libro ¿Por qué yo no?

El útero

Desde el punto de vista biológico, el útero tiene ese poder de crear físicamente, y también emocional y energéticamente. Precisamente, está situado en el segundo chakra, que es el centro energético de la sexualidad, de la creación, de la creatividad, de los proyectos, de la autoestima… y en su interior se gestan sueños y proyectos femeninos; a través de él pasan la menstruación, el embarazo, el parto, el orgasmo… Además, es el único órgano capaz a su vez de crear otro diferente dentro de sí mismo, la placenta, cuyas ventajas, funcionamiento y propiedades parecen igualmente milagrosas…
Este lugar sagrado de nuestro cuerpo lleva sufriendo el desgaste y el castigo de lo femenino desde hace siglos, y es difícil que en esa «casita interior derruida» en algunos casos se pueda gestar una vida como es debido, de ahí la importancia de restaurarla.

No somos conscientes del centro uterino, de su relevancia y de la actividad que se produce allí mes a mes durante gran parte de nuestra vida, de la su memoria, de los problemas derivados de la sexualidad, de las traiciones, de los engaños, de los abusos, de la violencia, del maltrato, y de otras informaciones que alberga…

El útero tiene sus propias emociones: a veces está enfadado, dolido, lleno de odio o de tristeza; es un espejo femenino muy sensible al que no prestamos atención. Por eso, en ocasiones experimentamos ciertas consecuencias de sus «estados de ánimo»: hemorragias, miomas, abortos y muchas otras afecciones que manifiestan su forma de llorar o de recrear lo que siente…

Pero al mismo tiempo, nuestro útero está lleno de placer, ya que palpita en su profundidad cuando vivimos un orgasmo y esto lo colma de vida. Palpita como un corazón que está unido al corazón uterino de todas las mujeres de las que provenimos y de la Madre Tierra.

Está conectado con el universo, con los ciclos lunares, y hay que darle el reconocimiento, el poder y la importancia que precisa, porque si se descarga de su energía, quedará limitado, y por tanto, también su capacidad creadora.

El útero es el músculo más flexible y fuerte del cuerpo; sin embargo, se ha dejado de valorar la gran fuerza y el gran poder que tiene. ¡¡Y habita en ti, mujer!!

Desde la antigüedad y hasta en las tribus más alejadas del planeta se conoce el poder del útero, y por eso se le ha venerado, se le ha otorgado su valor, se le ha dado calor, se le han ofrecido rituales… Y allí reside la memoria celular de todas tus ancestras, a través del linaje femenino, ya que hay una información que se transmite intacta de útero a útero. Cada una de nosotras partió de un óvulo que ya existía y fue creado dentro del vientre de nuestra abuela; éramos un bebé dentro de mamá, y de la mamá de nuestra mamá, porque cuando nuestra mamá se estaba formando en el vientre de nuestra abuela, en ella ya existía un óvulo que en el futuro daría lugar a nuestra vida. En otras palabras: una parte de ti ha estado en el interior del útero de tu abuela, y así en cada una de las mujeres hacia atrás.

¿No crees que es importante tener en cuenta nuestro útero y toda la información que guarda? Deberíamos hacerle un altar…

Pregestación

En nuestro útero se producen la gestación, el desarrollo y el crecimiento, igual que en la vida. El período de pregestación ocurre mucho antes de la concepción de un hijo; en la vida todo es un proceso de gestación, todo transcurre dando unos pasos que avanzan sin que a veces seamos conscientes de ello, en ocasiones hacia donde queremos y en otras, en dirección contraria a nuestra meta.

Las mujeres de nuestra época encontramos serios problemas para concebir y tener hijos, y en mi humilde opinión la causa no estriba exclusivamente en que ahora esperamos más, sino en que arrastramos algunos bloqueos que llevan siglos gestándose y hoy estamos dando a luz (paradójicamente sin dar a luz) los resultados de años de sufrimiento; de desvalorización de la mujer; de sumisión; de relaciones sexuales no deseadas, obligadas y no satisfactorias; de la prohibición del placer; de engendrar hijos sin desearlo; de vivir el dolor de la pérdida de la descendencia y otros estigmas relacionados que nos han marcado durante generaciones y que han hecho que nuestra línea femenina esté terriblemente dañada, hasta el punto de debilitar ese poder creador que hay innato en cada mujer.

Por eso, este libro se propone recuperar ese poder, porque realmente siempre lo hemos tenido.

Tanto tú como yo podemos ser mujeres que cambiemos el mundo empezando por un cambio en nosotras mismas, transformando nuestra experiencia y obteniendo otros resultados, sanando así nuestro interior y toda la memoria femenina. Pero esto no va de feminismo, sino de equilibrar lo femenino y lo masculino en ti y de recuperar tu valor y tu poder creador sin desvalorizarte nunca más.

¡Esto va de ayudarte y de ayudar a todas las mujeres! ¡Nuestro inconsciente colectivo femenino está conectado! El cambio de una repercute en las demás, así que vamos a ponernos manos a la obra por las que vinieron y por las que vendrán.

¡Diviértete haciendo esto! Si eras una de esas mujeres que contagia alegría y ahora de repente te sientes sin ganas de nada, tienes que hacer este trabajo. Deja de soñar el futuro y vívelo CREÁNDOLO.

En el capítulo dedicado a la ley del valor del libro *Las leyes de la fertilidad* ya te mencioné la necesidad de profundizar en tu valor como mujer, en tu capacidad y en el poder único femenino de pro-crear. Aquí volveremos sobre ello.

Créeme, yo había creado de todo en esta vida: empresas, trabajos, dinero, casas, coches amigos, relaciones, amor, salud..., pero lo de tener un hijo se me resistía, hasta que conecté con mi poder creador, a través del método que a continuación te cuento.

Lo doloroso no es parir, es sacar la culpa, el sentimiento de estar infravalorada, la autocrítica, el automaltrato…. Eso es dolor, pero cuando sale, se transforma en un grito desesperado que conecta con la verdadera liberación, que consiste en parirte a ti misma para comenzar el proceso verdadero de creación.

Vas a descubrirte, liberarte y empoderarte para poder sentirte merecedora. Te darás un paseo superando las piedras del rechazo, la vergüenza, la envidia, el juicio, la crítica, la culpa, las dudas, los miedos, la frustración y la desesperanza del camino. Y al ir salvándolas una a una, te van a llevar a la aceptación, el orgullo, el perdón, la comprensión, la tranquilidad, la confianza, la certeza y la seguridad.

Esta puede ser tu mayor oportunidad de crecimiento y de cambio en la vida, porque realmente nos ponemos las pilas cuando ocurre algo que nos toca el punto de dolor verdadero, algo por lo que una sería capaz de hacer cualquier cosa y esto es algo por lo que eres capaz de hacer cualquier cosa. Pues hazlo: cámbiate a ti misma y conviértete en tu mejor versión.

El cien por cien de las mujeres que descubren esta información y aprovechan el obstáculo que la vida les ha puesto a la hora de concebir un hijo, para saltarlo y sanarlo, aseguran haberse transformado en otras; se encuentran más plenas, libres, vivas, contentas y satisfechas.

Quiero felicitarte porque en realidad no son muchas las mujeres que llegan hasta aquí. Si tienes este libro entre tus manos, muy probablemente hayas leído los otros dos de la trilogía de Las Leyes de la Fertilidad y ya hayas recorrido parte del camino. Eso no lo hace todo el mundo. No resulta fácil dar un paso más y adentrarse en el interior, pero es justo allí donde **se concibe y se desarrolla la vida… EN TU INTERIOR.**

¿Nos adentramos?

Empecemos con una breve valoración espontánea…

Valora las siguientes afirmaciones del 0 al 10 (0 es el mínimo de ese concepto o sentimiento, y 10, el máximo). Escríbelas aquí mismo, o en una hoja que guardes hasta el final, sin volverla a tener en cuenta. Hazlo sin pensar.

1. Mi autoestima es…
2. El amor que siento por mí es...
3. Hablo bien de mí (a los demás, a los otros, a mí)...
4. Tengo sentimientos de culpa...
5. Soy sumisa... (Sumisa es la persona que accede a muchas cosas, que se deja llevar e incluso mangonear).
6. Tengo miedo constante... (a muchas cosas, en el día a día).
7. Dudo mucho...
8. Se me hace difícil recibir halagos/cumplidos/afecto...
9. Me cuesta socializar... (si te cuesta mucho es afirmativo y será 10; nada será 0).
10. Cuido mi imagen...
11. Tolero faltas de respeto...
12. Me comparo (me juzgo, me desvalorizo)...
13. Critico...
14. Padezco problemas físicos relacionados con la baja autoestima…
15. Me veo bien, como quisiera...

CAPÍTULO 1

ACEPTACIÓN Y RECHAZO

1.1. Aceptación...

Si hay un denominador común a todas nosotras cuando llevamos tiempo buscando un hijo y no lo logramos es la imposibilidad de aceptar esa situación, esa realidad. Nos metemos cada vez más en una profunda frustración, en una crisis interna que crece progresivamente, de forma que el problema no solo se prolonga sino que se agrava. Y en ocasiones la única posibilidad de vivir con esta sensación es negarla. Lo hacemos de manera inconsciente; queremos desconectar y, para ello, rechazamos pensar o contestar a pregunta alguna que tenga que ver con eso, nos resistimos a ver cualquier imagen relacionada con un embarazo, un niño o los obstáculos que nos impiden cumplir nuestro sueño. De este modo, la frustración y la ansiedad, el dolor e incluso la enfermedad van en aumento hasta llegar a la desesperanza, la desesperación o la depresión, y bajo el paraguas de todo ese sufrimiento guardamos casi lo imposible para creer que lo que está sucediendo no es verdad, que va a cambiar y que no puede continuar; y los sentimientos van cambiando del rechazo a la frustración, al autorreproche, a la rabia, al rencor...

Te reconoces en esta situación y estos pensamientos, ¿verdad?

Y quizás te encuentres o te hayas encontrado con el autorreproche de haber hecho algo mal, de sentirte culpable. O quizás hayas reprochado o culpado a los demás o a la vida misma. Pues llegará un momento en que, por no aceptar, ni siquiera aceptes la vida, ni tampoco la ayuda; ni siquiera ya a ti misma.

Pero cualquier rechazo de lo que está ocurriendo es un intento de escapar a la realidad, y esto además de resultar imposible se convierte en algo incoherente, y es ahí donde el sufrimiento se hace mayor, porque la contradicción y el conflicto interno agrandan el bloqueo, el miedo, la angustia, y el bucle se vuelve una gran bola de nieve.

Yo misma he pasado por ello y conozco a muchas mujeres que también. Por eso sé que se sale, que se puede, que se cambia, que es posible… y que ese cambio depende de ti; solo tienes que activarlo, ponerlo en marcha, y la buena noticia es que está en tus manos. No es que te hayas equivocado o hayas cometido un error; simplemente suceden cosas de las que desconoces la causa y cómo te están afectando porque tampoco sabes cómo cambiarlas, así que todo lo que has hecho hasta ahora está bien puesto que lo has hecho lo mejor que sabías y podías, pero ahora vas a disponer de nuevas herramientas que te permitirán conectar y aumentar el poder que hay en ti.

Recuerda aquello en lo que insistí reiteradamente en el libro de la trilogía titulada **¿Por qué yo no?**: tu felicidad es compatible con tu problema actual. Si además aplicas todo lo que aquí te cuento, te aseguro que tendrás ocasión de comprobarlo.

Una de las herramientas que más me han ayudado en mi vida es aprender a aceptar y no resignarme. Te lo explicaré en este capítulo y entenderás que aceptar no significa conformarte con tu problema ni con el sentimiento de que ya no puedes hacer nada más. Aceptar es iniciar el proceso de salida de una situación muy dura, **es** un mecanismo de reconocimiento de que **la realidad es una y no otra**. Consiste en no resignarse y pensar en que lo que buscamos no está o no pudo ser. **La aceptación** es entender completamente que lo que te ocurre, aunque temido e inesperado, tiene lugar y te está ocurriendo a ti.

Sí, estamos de acuerdo: no te lo mereces, no comprendes por qué te ocurre, tampoco sabes qué hacer…, pero lo cierto es que te está pasando y ver esta realidad es lo que significa aceptarla. En cambio, el rechazo, la oposición y la negación conducen a la resistencia que produce el dolor. Cuando aceptes que simplemente es la realidad lo que te está ocurriendo, el dolor se apartará, tomarás conciencia del momento presente y se abrirán las puertas hacia otra oportunidad en la vida, la oportunidad para la nueva vida. **Solo entendiendo lo que te sucede podrás actuar sobre la realidad**, y esto favorecerá tu predisposición interior para ver las diversas posibilidades que se presentan en tu camino.

Este proceso sencillo pero muy profundo va a ser el primer gran paso para conectar y aprovechar todo tu potencial y tu poder creador.

La aceptación no es un concepto, sino un sentimiento de que algo está ahí. Y en pleno contacto con ello y en plena conciencia, te hallarás en condiciones de empezar a actuar.

Te aseguro que está en tus manos cambiar el rumbo, descubrir una nueva oportunidad de transformar tu circunstancia, de transformarte y de caminar así hacia un nuevo comienzo.

Antes de nada, te voy a proponer una práctica sencilla y potente, que te servirá para conectar con tu parte llena de capacidad y tu parte desvalorizada, la que de alguna manera más o menos inconsciente se siente incapaz.

Después, con eso llevarás a cabo un trabajo de aceptación y no rechazo, que son básicos. En primer lugar, conviene que tengas claro en qué consiste la aceptación, que no es igual a resignación. Es imprescindible dar ese paso de aceptar y de aceptarse para poder solucionar lo demás, de la misma forma que hay que ser consciente de algo para poder cambiarlo. Después te explicaré por qué; ahora vamos con una práctica de cambio estructural.

¿Por qué es efectivo este ejercicio? Porque no requiere estar haciéndolo los próximos cien días, ni los próximos cien años. Va a cambiar una estructura, en vez de un contenido. Cuando cambiamos una estructura, las cosas ya no pueden ser iguales. Esto se produce desde esa parte inconsciente que juega de una manera simbólica, más rara, pero sencilla y eficaz. Debes estar dispuesta a hacerlo de esa manera, sin preguntarte cómo, por qué, etc.

Simplemente, ¡aparca tu mente!

Sí, sí, aparca, busca un espacio físico cerca de donde te encuentras y deja allí aparcada, imaginariamente, tu parte más mental. Luego vuelve a por ella, como cuando regresas a por el coche que estacionaste en el *parking*.

1.2. Ejercicio «Capacidad – No capacidad» 

Coge un papel, dóblalo sin partirlo y déjalo cerca. Cierra los ojos, olvida todo lo que hemos hablado y todo lo que pasa en el mundo durante cinco minutos. Ponte en contacto contigo misma, ese ser extraño con el que hace tiempo que no hablas: puede que esté enfadado, o que no te conozca, o que sea agradable vuestro encuentro. Deja que suceda de cualquier manera.

Respira lenta y profundamente. Mientras lo haces, empiezan a provocarse sensaciones conscientes en ti: cuando inspiras, cuando espiras, empiezas a notar ese aire que te llena por dentro, que sientes en las fosas nasales, en el pecho, en la espalda, en el abdomen… comienzas a sentir partes de tu cuerpo a las que ni siquiera prestabas atención.

Sin sea necesario nada especial, pues está ahí, en ti, vas a hacerte una pregunta y vas a dejar que tu biología te responda, te dé una señal, te indique un lugar.

¿QUÉ PARTE DE MÍ NO PERMITE QUE TENGA MÁS CAPACIDAD DE CREACIÓN/MÁS PODER/MÁS AUTOESTIMA?

Busca dentro de ti una parte de tu cuerpo que contenga esa respuesta. Tal vez la conozcas, tal vez no; basta con que la localices. Puede estar más en lo profundo, en el interior, en el fondo, en la superficie, en la parte superior o inferior, en el dedo meñique del pie, en un órgano concreto... Aunque no sepas cómo es tu organismo, ni qué hace, ni cómo funciona, no importa.

Sí puedes sentir, y eso es suficiente para localizarla, como si tuvieras una camarita de las que se introducen en el organismo para explorarlo, y con ese «ojo» interno pudieras alcanzar ese lugar. Localiza bien ese sitio sin que la mente tenga que analizar, ni preguntar, ni justificar; solo observa. Tu única misión ahora es observar qué parte de ti no permite que aumente tu autoestima, tu valor, tu capacidad.

Deja que se ubique en un espacio de tu cuerpo con una forma, un color, en un órgano determinado, con un símbolo. Siéntela, mírala con esa camarita interna y escúchala sin interpretar, sin opinar, igual que si te pusieras a la escucha de un amigo al que le preguntas qué le pasa. Sin inventar, sin predecir.

Dirígete a esa parte que has localizado, que puedes sentir, que puedes simbolizar, que tendrá un tamaño, un color, una forma, un lugar…, además de un objetivo y una respuesta. Pregúntale qué quiere, qué necesita, por qué bloquea tu autoestima.

Pregúntale: «¿Para qué estás ahí? ¿Para qué necesitas mantener a raya mi capacidad, mi valor, mi poder? ¿Para quién estás ahí? ¿Para ti, para otros, para cumplir el objetivo de otros? ¿Para qué y para quién es lo que quieres y necesitas?». Déjate sorprender, emocionar, conmover… déjala hablar.

Cuando le preguntas a esa parte después de haberla localizado y simbolizado, puedes incluso sacarla de ti para verla con mayor claridad desde todos los ángulos (desde arriba, desde abajo…) y advertir la forma, el color, la utilidad, el gesto, la emoción.

A continuación, dibuja esa parte en el papel que has doblado y represéntala tal como la has visto o con algo similar: ese mismo símbolo, esa misma forma, ese mismo órgano, esa misma parte… A veces es muy real; otras, metafórico. No importa, el inconsciente siempre muestra lo que necesita, lo que para él tiene sentido.

Si alguna de esas respuestas te ha llamado la atención, también la puedes poner ahí, en esa misma hoja, en la misma cara del dibujo o por detrás, donde prefieras.

En cuanto hayas terminado, deja el papel y desconecta un poco porque ahora vas a ir a otro lado.

Vuelve a cerrar los ojos. Respira hondo. Toma conciencia de todo tu cuerpo, de zonas que hace tiempo que no sentías. Respira y simplemente déjate sentir. Mientras ese aire va conectando con lo más profundo de ti, de tu ser, de tu alma, de tu mente, del inconsciente, de tus más hondas emociones y vivencias, te vas a hacer la siguiente pregunta, y de nuevo vas a dejar que una parte de tu cuerpo se simbolice y responda:

¿QUÉ PARTE DE MÍ ME HA MOVIDO A ESTAR AQUÍ? ¿QUÉ PARTE DE MÍ SE CREE CAPAZ?

Busca dentro de ti. Deja que resida en un rincón de tu interior. Busca esa parte que necesita que despegues, que conectes con toda tu capacidad, con todo tu poder creador. Esa parte es muy fuerte porque tiene todos los poderes. Es como una piedra mágica que todo el mundo tiene y que además hoy te ha movido hasta aquí.

Observa en qué lugar exacto está, cómo es, qué forma tiene, qué tamaño, cómo la sientes, si es suave, rugosa, pequeña, grande, luminosa, apagada… Siéntela. Deja que te inunde y comprueba qué sientes cuando estás solamente conectada con esa parte. Además de sentirla y dejarte sentir, obsérvala, escúchala, pregúntale qué quiere, qué necesita, para qué y para quién. Sobre todo, observa su poder, su potencial, lo que te hace sentir. Como si en el fondo de esa parte estuviera el secreto mejor guardado, el máximo poder que tú tienes, la mayor de tus capacidades, de todo tu poder de creación, de cambio, de decisión, de valor.

Deja igualmente que a través de la respiración salga, entre, crezca. Guarda esa información original. Y recuerda que si la pones fuera tendrás una percepción más clara de cómo es, de qué te hace sentir, qué es lo que quiere, qué necesita y para qué.

Luego, al igual que antes, dibuja esa parte, ese símbolo, esa forma. Y en esa misma página, si quieres por la otra cara, cualquier sensación, lo que te hace sentir, para qué está ahí, todo lo que hayas descubierto. Hazlo desde el interior, desde ese lugar en el que está. Lo importante no es si el dibujo queda bien o mal, sino lo que tu inconsciente ha identificado y tú plasmas en el papel.

Cuando coges el folio y ves esas dos partes, ¿qué se produce en ti? ¿Qué cambia con respecto a una hora antes de realizar el ejercicio? Sensaciones, emociones, sorpresas…

Las respuestas no las encontrarás fuera. Esto es una desvalorización bastante inconsciente. Merece la pena pedir ayuda a otras personas, pero la respuesta está en ti, así como la capacidad y el poder. Si te lo tuviera que dar alguien, estarías perdida, pues en cuanto desapareciese esa persona, se acabó. Tenlo muy en cuenta.

Esas partes siempre están en todos nosotros y se representan más en unos sitios que en otros, pueden cambiar, pueden disminuir. Si haces este ejercicio más adelante, verás que te será muy útil en la vida y que, igual que ahora, te va a funcionar .

Te recuerdo los dos pasos:

1. El primero siempre va a conectar con esa parte de ti que siente la necesidad, quizás porque al ganar valor hace que lo pierda mi madre, mi pareja… Cuando te acostumbres a hacerlo de vez en cuando, te sorprenderán las respuestas, pero te da la información porque la tiene, porque la tienes tú. Esa parte que está en ti, que

necesita bajar a eso, es porque tiene que cumplir con una necesidad. Y tiene que ver con tu historia, con tu experiencia, con tu familia, con tus ancestros, con tus creencias. Pero debes aprender a escucharla. Nos han educado en el «no sé»; sin embargo, esa parte lo sabe todo, y solo ella lo sabe. Esta es la maravilla más grande que puede descubrir el ser: que lo sabe todo sobre sí mismo.

Cuando tomes conciencia de ello, vuelve a preguntarte: ¿cómo me hace sentir esta parte? No busques una respuesta mental (que siempre será «no sé»), sino la respuesta de tu inconsciente. Escúchala. Cuanto más lo escuches, más respuestas te dará y más sabrás. Llegará un día en que la mente y esa parte inconsciente hagan buenas migas. La mente deja de interferir cuando habla el inconsciente, y cuando no interfiere es cuando entiende. A veces no entiende en ese preciso instante, pero lo fundamental no es entender, sino cambiar.

El cambio se opera cuando todo eso se pone de manifiesto: en el momento en el que tú, sentada, sientes tu cuerpo, respiras y buscas esa parte; cuando haces la pregunta sobre qué hay en ti que no te permite desarrollar tu autoestima. La imagen que te viene de tu cuerpo no puede ser de otra manera y siempre está bien, independientemente de lo que diga la cabeza. Lo importante es esa información automática. Se hallaba ahí, en el inconsciente, antes de que te formularas la pregunta. En el momento en que te viene puedes observarla y simbolizarla. La mente no la entiende, porque se expresa en el lenguaje del inconsciente, a través del símbolo, del color, de la forma, de las sensaciones… y todo ello te provocará una emoción. Este ejercicio lo puedes poner en práctica todas las veces que quieras.

2. El segundo paso consiste en conectar con la parte que te ha traído aquí y que está presente en un montón de momentos de tu vida. Es la parte que tiene todo el valor, toda la capacidad, todo el

poder, toda la seguridad, pero en ocasiones permanece muy tapada. Es importante traerla a la superficie: sácala, haz un dibujo, atiende a lo que te hace sentir, pues hay una parte de ti que toma conciencia de eso, y de esa manera puede crecer.

Una vez hayas avanzado estos dos primeros pasos, guarda la hoja en tu bolso y llévala contigo al menos una semana. Cuando la cojas, despertará en ti ciertas sensaciones y sentimientos. Si no lo consigues, vuelve a ponerte en contacto con ella. Échale un vistazo todos los días, observa qué pasa, cómo evoluciona, qué cosas sientes, qué quieres hacer… conecta contigo y observa qué ocurre.

1.3. La frase

Ahora, como haremos en todos los capítulos del libro, empezaremos con una frase muy relacionada con lo que se va a mover a nivel estructural en cada uno.

Léela, déjate sentir, repara en lo primero que te evoca, en lo primero que te trae, en lo primero que sientes… porque eso es información para ti:

«EN LA NATURALEZA, LO QUE NO ESTÁ CRECIENDO ESTÁ MURIENDO».

Tendríamos que dar de comer a nuestro ser todos los días un poquito y nuestro ser es muy amplio a nivel físico, a nivel emocional, a nivel de pensamiento, de palabras, de cuidados... Habría que regarlo a diario, hacer algo para que crezca. Evidentemente, no es posible mantenerlo siempre perfecto; tampoco se trata de eso. Habrá momentos en que lo cuidaremos más, o lo regaremos más, o lo podaremos mejor, igual que hacemos con las plantas, y otros en que no tanto, pero lo importante es la constancia.

Ten en cuenta esto que te nace dentro, aunque sea leve. Apúntalo porque es algo que se mueve en ti y te está aportando información.

Este trabajo diario de tomar conciencia de pequeños detalles es un hábito que hay que crear.

Pues esto está ocurriendo en la vida cotidiana. Las personas y las plantas son así, crecen o mueren, una no se puede quedar estancada; de lo contrario, estarías muerta. No se puede estar viva y no estar o creciendo o muriendo. La parte de ti que hay que buscar es la que no está creciendo; con ella vamos a trabajar.

1.4. Disociación

¿Qué hacemos cuando trabajamos disociados? La mayoría de las personas no estamos plenamente encarnadas en lo material, no sentimos todo en nuestro cuerpo. Muchas veces nos instalamos en nuestro mundo mental, viviendo lo que pensamos, pensando lo que vivimos, imaginando el futuro, soñando lo que queremos, ajenos a la realidad. Cuando ocurre esto y tenemos problemas, como solución biológica los vivimos fuera, en lo mental y en el comportamiento, y cuando se nos propone sentir algo, no somos capaces de hacerlo. Esto sucede porque no lo podemos sentir cuando se trata de nosotros mismos. Pues ahí es donde entra la disociación, un truco que vamos a utilizar en algunos de los ejercicios; por ejemplo, en el siguiente.

Resulta bastante efectivo situarse en un espacio físico, tuyo, aquí y ahora, con su limitación, con ese algo que no acepta. Elige uno. Puede ser imaginario, lo puedes dibujar, delimitar, utilizar una silla o dos sillas diferentes, etc. La disociación consiste en verte tú desde fuera; por ejemplo, sentada en una de las sillas y ver tu otro yo enfrente (de pie o sentada), ese que está sufriendo, que no se acepta, que no acepta, que no se quiere, que se ve un defecto, etc. Cuando imaginas a ese yo que dejas ahí, las cosas cambian, puedes ver en él dolor, una limitación, algo que cuando estás dentro no percibes.

1.5. El espejo

Ponte de pie y busca un espejo. Puede ser real, si tienes uno cerca, o imaginario. De lo que se trata es de que te puedas mirar en él. Será un espejo muy mágico, que te devolverá una imagen global de ti misma: gestos, emociones, pensamientos, limitaciones, etc.

Sitúate delante de ese espejo y simplemente observa. Puedes hacerlo con los ojos abiertos, pero te aconsejo que los cierres, porque al tenerlos abiertos, la información que recibes de forma visual no te permite emplear todos tus recursos para el ejercicio, pues parte de tu cerebro estaría procesando las señales eléctricas de lo que recibe a través de la vista. En cambio, al cerrar los ojos, te centras en la imagen que se refleja en un espejo frente a ti, donde te reconoces a todos los niveles. Juegas a estar delante de tu espejo.

Cuando lleves unos minutos e identifiques lo que ves, lo que sientes, lo que te dices… vas a jugar a hacer una disociación. Deja a ese yo que se está viendo frente al espejo, mirándose, y obsérvalos a ambos: al que se mira en el espejo y al reflejado. Examina con detalle todos sus aspectos: su cara, su pelo, su piel, su cuerpo, sus gestos. Comprueba si son el mismo o si hay diferencias;

si hay algo que te llame la atención en uno o en otro. Vas a mirar también en el interior, detrás de sus ojos, de su nariz, de su boca y dentro de su cerebro, porque cuando se mira al espejo, también contempla sus facultades mentales, su inteligencia, su sabiduría, su capacidad de aprendizaje, de habla, de escucha. Además, ve sus órganos; en el pecho, el aire que respira, el aire que contienen sus pulmones, si siente que se expande o que alguna parte de su cuerpo está contraída. Mira todo lo que se halla fuera del espejo y lo que se ve en el espejo, todo lo que te resulte llamativo desde una perspectiva emocional: si se percibe débil, si tiene vergüenza o miedo, si se siente inferior.

A continuación, pregúntale: ¿cuál es esa parte de ti que no puedes aceptar?

No tienes que hacer nada más que mirarle, mirar al espejo, dejar que te muestre.

Deja que te responda él (tu yo) o su imagen. ¿Qué es lo que ve? ¿Qué se dice? ¿Qué oye? ¿Qué piensa? ¿Qué cree? ¿Qué es lo que hace mucho tiempo que ya vio, oyó, aprendió? ¿Qué dice que no acepta, qué es inaceptable en él? Localízalo, en ese espejo, dónde está, míralo. Si es algo que se puede ver directamente, visualízalo. Si por el contrario es algo que no se puede ver exteriormente, visualízalo dentro en una representación, en un símbolo.

Una vez lo averigües, abre los ojos lentamente, coge un papel y un boli y apunta qué es eso que has descubierto y qué no puedes aceptar en ti (físico o no físico). Ponle un nombre a eso que no puedes aceptar de ti (mi físico, mis ojos, mi cuerpo, mi debilidad, mi capacidad, mi forma de hablar, mi inseguridad).

1.6. Las dos preguntas

Antes de abordar el ejercicio «Aceptando la dificultad», vamos a realizar otro, explorativo, para obtener más información. Todo lo que seamos capaces de sacar a nivel inconsciente que está limitando nuestro poder creador es información muy relevante y útil. Recuerda:

> **Lo que conozco lo puedo transformar.**

Los próximos ocho minutos los vas a emplear únicamente en formularte dos preguntas de la manera que más te guste. Por ejemplo, puedes escribir en un papel una columna que ponga «¿Qué es eso que espero que no tengo?», y en otra «¿Qué es eso que tengo que no acepto?». Contesta rápidamente lo que salga, sin pensar (cualquier respuesta, incluso repetida); y responde a ambas.

Si te resulta más cómodo, puedes usar una grabadora para registrar todas las respuestas, o hacerlo de manera guiada en el curso *online* «Recupera tu poder creador».
Al responder, fíjate bien en lo que sientes; si aparece alguna sensación física o alguna emoción, apúntalo. E insisto: si hay respuestas que se repiten, no pasa nada.

En caso de que te bloquees y te quedes en blanco (pues tras cierto tiempo la cabeza no es capaz de controlar la respuesta que da), no importa, sigue haciéndote las preguntas, y espera a que surjan las respuestas, sin dejar a la mente que se pare a pensar. Confío en que con las respuestas que has apuntado (las que se repiten mucho, las que te han llamado la atención, aquello tan terrible que tienes y no aceptas) llegues a algunas conclusiones. Con esta información y la recopilada en los ejercicios anteriores vamos a hacer un trabajo para aceptar eso tan difícil en tu vida.

1.7. Aceptando

A partir de lo que hemos descubierto con el ejercicio del espejo, la disociación, el localizar esa parte de mí tan difícil de aceptar (con esta díada de preguntas), vamos ahora a hacer un ejercicio que se trata de aceptar lo que NO ACEPTAS. Porque uno de los principales problemas que nos mantiene ancladas en el conflicto es el rechazo de lo que no nos gusta, en nosotras mismas o en los demás, para evitar el dolor.
Pero esto es una equivocación porque, como ya he contado en varias ocasiones, el rechazo y la aceptación son dos conceptos que no tenemos muy claros. Nos creemos que aceptar es resignarse; sin embargo, aceptar es ver que algo está ahí.

Si yo acepto que tengo este libro en la mano, puedo hacer un montón de cosas con ello. En cambio, si no quiero ni mirarlo, lo rechazo, no quiero saber nada de él y lo quiero borrar, no puedo hacer nada con ello (aparte de rechazarlo), pero hay una parte de mí que siempre sabe que está ahí. Está haciéndome daño sin poder cambiarlo.

Desde hoy, aceptar es ver que algo está ahí. Como a veces nos cuesta mucho, vamos a practicar un doble juego: «VOY A ACEPTAR QUE NO ACEPTO ALGO». Si por ejemplo has descubierto una debilidad en ti que no puedes aceptar, ponte frente a ella y plantéate lo siguiente durante unos minutos: «Aceptar que no la acepto. Uno tiene derecho a no aceptar y a descansar por ello».

Por tanto, vas a aceptar que no aceptas lo que has descubierto que no te gusta y vas a ver que en tu cuerpo, al ponerte en contacto con tus sensaciones, algo pasa, algo se relaja.

1.8. Ejercicio «Aceptando la dificultad»

Cuando algo nos resulta difícil de aceptar es más fácil aceptar que no lo aceptamos, pues nos concede un derecho. Parece que estamos siempre obligados a aceptarlo todo, a resignarnos a todo, a que todo esté bien…, pero también tenemos derecho a aceptar que no aceptamos algo. Y esto no es lo mismo que rechazarlo.

Te invito a que pases unos minutos haciendo ese sencillísimo ejercicio y apuntes lo que sientes que ocurre cuando puedes aceptar que no aceptas esa parte de ti y esperas.

Después, hazte esta sencilla pregunta: «¿QUIÉN SERÍA YO SIN ESA PARTE QUE NO ACEPTO?». Posiblemente, nunca te la hayas formulado; te invito a que lo hagas ahora varias veces. Si hay algo que te llama la atención, toma nota.

Por último, vamos a hacer un ejercicio un poco más largo, que yo llamo «Aceptando la dificultad», por el que te voy a ir guiando, para aceptar eso que te cuesta tanto. En primer lugar, identifica y escribe esa parte tan difícil de aceptar de ti. Si habías encontrado varias o algunas, escoge una para hacer el ejercicio; luego lo podrás repetir con el resto o con las situaciones que sean necesarias.

Una vez hecho eso, ponte de pie en un lugar donde dispongas de espacio para moverte y coloca el papel en el suelo, delante de ti, de forma que puedas verlo a cierta distancia. Obsérvalo como si pudieras ver una pantalla de cine pero apoyada en el suelo. Durante unos instantes, analiza qué ocurre en ti, mira qué piensas sobre eso, qué cosas te dices, qué pensamientos te vienen, qué sientes en el cuerpo. Es muy importante dejarte sentir.

Ponte en contacto contigo para ver qué genera en ti eso que está ahí, simplemente como observador. Atiende a lo que sucede en tu interior, en tus sensaciones físicas, en tus emociones, en tus pensamientos cuando imaginas la idea de ir allí, como si fuera algo que te aguardase en tu futuro, próximo o lejano —aunque sabemos que a día de hoy también es parte del presente.

En este ejercicio vas a poner en práctica la disociación (ya conoces sus ventajas). Figúrate que esa situación tan difícil se halla en tu futuro. Mira qué pasa cuando sencillamente te planteas la idea de dirigirte hacia allí. No es algo que deseas, ni un sueño, ni un objetivo. Es una de esas vivencias tan terribles y complicadas que has rechazado tanto tiempo y que no puedes aceptar (lo que has escrito en el papel).

Permanece atenta a lo que se produce cuando das un paso y decides meterte dentro de esa o de esas circunstancias. Observa que quizás empiezas a sentir una ligera incomodidad y te dices muchas cosas. Escucha lo que te estás diciendo, lo que estás pensando, lo que te viene a la mente. Escúchate como si de repente te hubieras convertido en una buena amiga que te atiende con interés. Observa que a la vez también está ocurriendo algo en tu cuerpo, en tu interior, en tus células. Deja que todo eso empiece a ampliarse, a ocupar más espacio dentro de ti —aunque pueda resultar incluso incómodo— y resiéntelo. Permítete resentir esa molestia, eso que no aceptas. Acepta que sientes eso: todo lo que está pasando en ti cuando te encuentras frente a ese enojoso papel.

Y simplemente, con mucho amor, con mucha naturalidad, acepta sentir, acepta que resientes toda esta dificultad de aceptar. Puedes aceptar que no aceptas eso bajo ningún concepto. Lo que necesites. Solo ponte en modo observación, sin lucha. Atiende a tu necesidad y acéptala. Ahí puedes quedarte unos segundos o unos minutos, para que, justo después, empieces a contemplar una idea que te plantees. Es posible que hoy tu realidad sea así y afloren esos pensamientos y emociones en torno a la situación que no aceptas, pero en el futuro no lo sabes. ni necesitas saberlo. Sobre el futuro carecemos de certezas; solo caben predicciones o conjeturas.

Lo que sí está en tus manos es actuar en el presente. Vamos a ello. Desde el lugar en el que aún te encuentras vas a conectar con el deseo, las ganas, el entusiasmo y la motivación para aceptar tu problema. No quiere decir que tengas que aceptarlo ahora; basta con que haya una parte de ti que tiene el deseo, las ganas de aceptarlo, aunque sea en un futuro, porque al aceptar eso lo puedes transformar, cambiar, mejorar, crecer, etc. Contacta con esa parte de ti (en tu cuerpo, en tu biología, en algún lugar de tu físico) en la que puedas sentir, visualizar, simbolizar ese deseo o anhelo de aceptar. Respira profundamente, siéntelo, deja que se pueda amplificar, que crezca en todo tu ser, pues tienes ese deseo profundo, aunque sea muy inconsciente. Tu inconsciente sabe que aceptando va a poder transformar.

Déjate sentir y avanza un pasito más hacia el papel, como si algo te acercara a la aceptación de eso tan difícil. Sigue conectando con tu deseo para que crezca. Evalúa ahora en una escala del 1 al 10 cómo es ese deseo tuyo de aceptar, sin detenerte a pensar demasiado. Quizás sea grande (un 7, un 8 o un 10 —solamente las ganas—). Asegúrate de que está por encima del 6. Cuanto más se aproxime al 10, mejor. Si no, sigue conectando con esa parte de ti que alberga ese anhelo, esas ganas, ese entusiasmo, esa motivación por aceptar.

Contempla tu deseo (que puede abarcar ya toda tu persona y un poco más), como si pudieras mirarlo fuera de ti, ocupando espacio más allá de ti. Obsérvalo. Si fuera un color, una energía, etc., ¿cuál sería? Con ese color, con esa intensidad, con esa emoción (de la motivación, del entusiasmo por aceptar), vas a dar otro pasito más y otro, hasta quedarte justo a un paso de esa situación tan difícil y de su aceptación. Desde ahí, aceptando vivir todo lo que está ocurriendo ahora en ti, a un paso de la gran aceptación, vas a llenarte aún más de ese deseo de aceptar, con todas esas ganas, ese entusiasmo, con todo ese color en tu interior, en tu piel, en tus células, en tu alrededor. Y a continuación, vas a entrar en contacto, a través de la respiración, con todas tus dimensiones, todos tus cuerpos (a nivel físico, mental, emocional, energético, verbal), incluso con dimensiones que desconoces, pero que pueden ser parte de ti. Cuando estés en contacto con toda tu información consciente e inconsciente, conectando con tu deseo de aceptar en su grado máximo, cuenta hasta 3 y, a la voz de «¡Ya!», da un último paso y pon tu deseo, las ganas y el entusiasmo sobre el papel. Ese será el paso de la aceptación, y no tendrás que hacer nada más. Solo darás ese paso aceptando vivir todo lo que ocurre.

Comprueba qué pasa, qué es lo que estás viviendo, qué sientes. Déjate sorprender, ten curiosidad, acepta cualquier emoción que pueda surgir (de sorpresa, de tranquilidad, de tristeza). Cualquiera está bien porque es tu biología, tu inconsciente, respondiendo a ese paso tan importante en la vida que es aceptar, desde el interior, desde lo profundo, sin resignación, sin lucha, sin rechazo. Estando ahí, aprovecha la situación para crecer y aprender. Porque en ese punto vas a aprender algo importante, algo que no hubieras podido aprender de otra forma, que te permite encontrar una respuesta, evolucionar, entender, conocer, mejorar…

Pregúntate: «¿QUÉ ES LO QUE HE PODIDO APRENDER DE ESTA SITUACIÓN QUE NO PODRÍA HABER COMPRENDIDO DE OTRA MANERA?». Déjate sentir, deja que las respuestas lleguen, déjate sorprender, que lleguen las certezas, el entendimiento, la tranquilidad. Solo así estarás en condiciones de aceptar realmente. Lo que era un drama se ha convertido en una oportunidad, en una experiencia.

Cuando tengas esas respuestas, avanza un poco más hacia delante, hacia el futuro, como si eso lo dejaras a tus espaldas. Y cuando vuelves la vista atrás y ves aquello que un día fue tan difícil de aceptar, de vivir, de tener… mira qué pasa. Ahí podrás verificar del 0 al 10 cuánto lo has podido aceptar, cuánto lo aceptas en el futuro, cómo están las cosas dentro de ti, qué ocurre fuera, qué sientes, hasta qué grado aceptas haber vivido eso, tenido eso, haber sido eso.

Desde el futuro, puedes valorar, extraer conclusiones, obtener conocimiento y experiencia, y sobre todo, puedes dejarte sentir. Escribe en un papel todo lo que has aprendido y experimentado, y también el momento en que has sido capaz de aceptar eso tan difícil. Mira cómo te sientes.

Haz el ejercicio cuantas veces quieras para trabajar más profundamente la aceptación de tu dificultad. También puedes repetirlo con otras cosas que en un momento dado hayan sido muy difíciles de aceptar para ti. Te darás cuenta del cambio tan intenso, tan radical y tan transformador que se produce en ti cuando eres capaz de aceptar, no de luchar, no de rechazar, ni de resignarte, simplemente de aceptar. Y no olvides apuntar tus conclusiones.

1.9. Lista de aceptación

Después de todos los ejercicios que hemos hecho de exploración, de aceptación, de una manera un poco sutil de transformación de todo eso y que puedes repetir cuando quieras, vamos a contactar un poco con la parte opuesta, pues nuestro inconsciente necesita recursos. Vamos a jugar a hacernos la pregunta varias veces y a instalar todo aquello que aceptamos.

Puedes ponerte delante del espejo nuevamente y realizar el mismo ejercicio de antes pero dándole la vuelta a la pregunta: «¿QUÉ ES ESO QUE ACEPTO DE MÍ?».

Busca eso que aceptas vivir plenamente de ti, en ti, y elabora una lista que espero sea larga: tus ojos, tu piel, tus manos, tu facilidad de palabra, tu familia… Lo que sea. Habrá una parte de ti que se pueda nutrir después de eso y que pueda descansar con esas respuestas. Las vamos a utilizar como recurso.

Si te dices que no aceptas nada de ti misma, duda, porque no es posible. Búscalo, aunque te cueste. Tiene un efecto encontrar lo que sí aceptas de ti y escribirlo.

1.10. Tu poder

Una vez que dispones de los recursos para saber que puedes aceptar algo de ti, vamos a realizar un ejercicio más: el de contactar con tu poder personal, con tu poder creador. Tu poder lo es todo. Tal vez se haya debilitado en algún momento de tu vida; en cualquier caso, lo tienes, bien de nacimiento, bien adquirido. No es lo importante ahora saber dónde perdió fuerza, sino intentar recuperarlo. Vamos a hacer este ejercicio primero como exploración y luego como intervención.

Adopta una posición relajada: de pie, tumbada, sentada, como quieras. Cuando lo hayas hecho, invita a tu poder a que se simbolice ante ti. Comprueba qué ocurre cuando te encuentras frente a él: ¿existe?, ¿no hay nada?, ¿es un símbolo pequeñito, grande? Observa qué forma tiene, qué color, qué significa para ti. ¿Cómo es tu poder? Míralo con curiosidad, con intriga, con ganas de saber, sin juicio, sin reproche, sin comparaciones. Deja que venga, deja que se simbolice, que tome una forma, un color, un tamaño… y siéntate delante de él.

Puedes comenzar a visualizarlo con más detalle, a escucharlo, a olerlo. Puedes incluso entablar una conversación con él: «¿Dónde estabas? ¿En qué momento te fuiste? ¿Qué me puedes ofrecer?

¿Qué te puedo dar? ¿Qué necesitas de mí? ¿Qué necesito yo de ti?». Explora tus preguntas, tus respuestas, las de ese símbolo, las de ese poder. Deja que te lleguen sus respuestas y las tuyas, hasta que sientas que descubres algo: cuándo se perdió, cuándo se fue, cuándo disminuyó, cómo es, qué significa para ti. Dedica a esta fase varios minutos.

En la segunda, cuando tengas un poco de información de todo este poder, te propongo que juegues y pruebes a integrar tu poder en ti misma. Como si de repente pudieras abrazarlo, cogerlo, comerlo, meterlo en el bolsillo, etc., según lo que tengas delante.

Juega a ver qué se siente con él. ¿Qué se produce a continuación? Analiza cómo te mueves, qué sientes, que cambia en ti. Cuando lleves unos minutos así, vuelve a sacarlo fuera, ponlo enfrente, en otra silla y fíjate en lo que pasa. Hay una parte de ti que lo va a echar de menos, que lo quiere volver a meter dentro. O no, quizás haya algo con lo que debas reconciliarte.

Con lo que descubras, actúa: si hay algo que reparar, si hay algo que tengas que aceptar —por muy difícil que sea—, retomando el ejercicio anterior. Puede consistir, simplemente, en volver a integrar tu poder tras el diálogo y la obtención de información. Juega a ponerlo fuera y dentro. Mira qué cambia. Es posible que, cuando hagas este ejercicio, haya una parte de ti que al ser consciente de que estaba fuera, quiera llevarlo siempre dentro. Si no es así, investiga qué es eso tan difícil de aceptar, qué es eso que rechazas y retoma el ejercicio del principio.

Después de recuperar lo que aceptas de ti y de tu poder, de jugar un poco en los próximos días en este nuevo mundo de la aceptación y de contacto con tu poder personal, vamos a acabar el capítulo con un ejercicio que haremos en todos (aunque cada uno tendrá una nueva particularidad), que es desarrollar la autoestima, el valor y la capacidad mediante la mejor versión de ti misma.

1.11. La mejor versión de ti

En primer lugar, imagina la mejor versión de ti misma. A partir de ahora, puedes sentarte confortablemente, como si estuvieras delante de la mejor pantalla de cine o delante de la gran pared del museo, con tus pinturas, con todas tus herramientas… Te puedes convertir en el mejor escultor o en la mejor pintora. Tienes todas las herramientas de edición, de Photoshop, todo sin límites.

Después, empieza a crear tu mejor versión. No tiene que ser real ni te la tienes que creer. Es fantasía, pero la vas a crear a propósito. Deja que venga una imagen; la puedes quitar, añadir, mejorar, aumentar, colorear, poner gestos, movimientos… todo lo que necesites para construir la mejor versión de ti.

Te dejo unos minutos para que cuides cada detalle, para que crees y te recrees, para que quites, para que pongas, para que ensalces. Si lo prefieres, hazlo con los ojos cerrados. Sitúate imaginariamente frente una pantalla como de cine; se enciende el proyector y te ves reflejada en un fotograma. Míralo atentamente. ¿Cómo estás, de pie o sentada? ¿Eres morena, rubia, fuerte, delgada…? ¿Cómo vas vestida? ¿Qué gestos haces? ¿Qué hay alrededor?

Asegúrate de que es la mejor versión de ti aceptando. Aceptando algunas cosas difíciles, aceptando algunas cosas de ti que no aceptabas, aceptándote a ti. ¿Qué pasa si pudieras ampliar esa versión de ti misma, aceptando cada uno de los aspectos que habías anotado que no aceptabas? ¿Qué ocurriría? Crea esa mejor versión de ti, aceptando, aunque ni siquiera te lo creas. Cuando la tengas, obsérvala. Déjate sorprender.

Atiende a todos los elementos que forman parte de la imagen: lo que se oye, los gestos, los olores, luz, color. Procura que sea la mejor versión de ti misma como el que pinta un cuadro. Es importante que se haga una imagen porque el inconsciente siempre tiene una y porque permite crecer. Si no te surge ninguna, créala a propósito, invéntatela. No solo la figura, sino también la emoción, los sentimientos, las señales identificativas.

A partir de hoy, juega a traer esa imagen, esa foto fija, esa mejor versión de ti, al menos una vez al día, por la noche o por la mañana. Cuando la veas, ocurrirá algo a nivel estructural que no te voy a contar.

Te invito a que rehagas el ejercicio, a que lo mejores, a que a diario te pongas delante de tu obra para hacerle algún retoque y perfeccionarla aún más y te quedes contemplando esa maravilla. No tiene que ser la realidad, la que pasa ahora ni la que crees posible. Es la mejor versión de ti, aunque sea imaginaria.

El simple hecho de contemplar esa mejor versión de ti, que quizás no habías visto nunca, va a propiciar que una parte de ti comience a crear un poco más de valor, puede ser despacito o con pasos de gigante, incluso dar un salto cuántico, cambiando cosas radicalmente de la noche a la mañana.
En la naturaleza, lo que no está creciendo está muriendo. Ahora que has empezado a crecer no pares: sigue con los ejercicios que has aprendido en este capítulo durante los próximos días, que te van a ayudar mucho.

Haz una imagen de ti ahora, la que sea.
¿Cómo te ves?
Cuando la tengas bien creada, con todo detalle, empieza
a ELIMINAR lo negativo, cámbialo a tu gusto, sin límites,
mejorando la imagen física, las habilidades, los puntos
fuertes...
Haz cambios supermotivadores, vuélvete LOCA.
Ve cambiando y haciendo ajustes hasta que sea la mejor
obra de tu vida.

LA MEJOR VERSIÓN DE TI MISMA,

¡ACEPTANDO Y CRECIENDO!

Ahora que has acabado el primer capítulo, si has hecho las prácticas, párate a reflexionar unos minutos:

- ¿Qué has aceptado?
- ¿Lo podrías resumir en una palabra o en una frase?
- ¿Eres consciente de que has podido aceptar algo?

En cuanto tengas una respuesta positiva e identifiques qué es lo que puedes aceptar, escríbelo.
¡Ya hay algo que ha cambiado completamente en tu vida!
Cada vez que seas capaz de aceptar algo, aunque se trate de un pequeño detalle de ti, de tus costumbres, de tu ser, de tu comportamiento, de tu necesidad y tomes conciencia de ello (porque lo integras, no porque te resignas), habrás dado un nuevo paso.

Si todos nos preguntáramos «¿qué he aceptado?» de vez en cuando, en cada ocasión en que se nos presenta un pequeño o gran reto, si cada semana hiciéramos este ejercicio, afrontaríamos las circunstancias de una forma radicalmente distinta en poco tiempo.
Porque la vida solo es eso: aceptación; si no te resistes, no persiste. No enfermaríamos, no sufriríamos problemas emocionales…
Recuerda: aceptar es decir que algo está ahí, sin rechazo, sin resignación, sin lucha. Ahora que sabes que está ahí, puedes comprobar para qué te sirve, qué utilidad le das. Lo haces consciente.

Por tanto, si la respuesta es sí y has apuntado alguna palabra o alguna frase, ya has avanzado muchísimo. Cada vez que realices el ejercicio (y lo puedes hacer todas las veces que quieras), habrá algo que cambie.

Tienes una herramienta maravillosa. ¡Utilízala!

Lo que rechazas te somete, lo que aceptas se transforma y te transforma.

CAPÍTULO 2

RESPETO Y AGRESIÓN

Respeto y agresión

Instante práctico: Aquí y Ahora

Respira profundo, cierra los ojos si es posible, vuelve la mirada hacia tu interior, percibe las sensaciones y la vida que hay dentro de ti, no fuera. Al prestar atención a esto, ya está más presente y más en contacto contigo misma, ya lo has conseguido.

Ahora conecta contigo y con este instante al cien por cien, porque a lo mejor hay una parte de ti que no está aquí, sino en el pasado o en el futuro. Para ello, respira profundamente por la nariz o por la boca, como mínimo tres veces. Cada vez que inhalas te traes todas y cada una de tus partes al momento presente, así como tus pensamientos, a todos tus seres, todas tus capas y todos tus yoes, sintiendo que progresivamente estás más conectada con el aquí y el ahora. Y cada vez que expulsas aire, dejas ir, sueltas, abres un paréntesis, abandonas cualquier cosa que has dejado fuera de este instante en el que estás leyendo y practicando para ti.

Cuando trabajes contigo misma, acostúmbrate a apartar todo lo que hay ahí (problemas, no problemas, la risa, lo bueno, lo malo, el tráfico, el trabajo, el ruido…). Solo al conectar con la respiración podrás empezar a sentirse físicamente, con el hecho de respirar y sentir el aire que entra, que se aposenta, que se instala en sí mismo y se llena de sí mismo. Es ese instante aquí y ahora en el que se crea la magia de dedicarte a ti exclusivamente donde existe la posibilidad de reconectar y desarrollar esta gran capacidad de crear que tienes y que en el algún momento has ido perdiendo, olvidando, desconectando.

Procura buscar este instante muchas veces al día, haz que forme parte de tu vida.

2.1. La frase

Ya sabes que en cada capítulo empezamos el tema que vamos a abordar con una frase sugerente. Guíate siempre por lo primero que surge en ti. Puede que te sorprenda, que te enfade, que te agreda, que te ilusione. Mira qué pasa en ti cuando lees esto, sin pensar, ni analizar, dejándote llenar y sentir:

> **«OFRECE LA MEJOR VERSIÓN DE TI MISMA.**
> **ES LA MEJOR MUESTRA DE RESPETO HACIA LOS DEMÁS.**
> **POR FAVOR, ¡RESPETA!».**

¿Qué sientes?

A menudo el ser humano comete la equivocación de pensar y de creer, y así actuamos, que ofreciendo la «mejor» versión de uno mismo (todo el rato agradando, sonriendo, siempre disponibles para los demás...) es como mostramos un gran respeto por el otro. Pero esa no es nuestra mejor versión, sino la real, con sus virtudes y sus defectos. Pura al cien por cien.

Pero no hacemos eso. Por el contrario, lo que solemos hacer es mostrar la mejor versión que creemos que el otro quiere ver, la que pensamos que al otro le va a parecer mejor, la que el otro está esperando, la que hace que vivamos en un mundo un poco falso. Y esta actitud se convierte en una cadena: tú te comportas así, y el otro igual contigo; y después, con los demás, por lo que se acaba perdiendo la pureza, la autenticidad. Se pierden las mejores versiones, se pierden las valoraciones, se pierde el poder, se pierde todo.

Uno de nuestros mayores males es caer en la comparación y el juicio; hablaremos de ello en siguientes capítulos. De lo que se trata aquí es de darnos cuenta de que estamos siendo falsos, mentirosos, de que le estamos ocultando información al otro, de que no nos dejamos ver como realmente somos. Engañar no es respetar.

A partir de hoy, hay una parte de tu inconsciente que ya ha cambiado algo. Solamente por el hecho de aceptar que respetas más al otro cuanto más te acercas a la mejor versión de ti.

> **Respeto más al otro cuanto más me acerco a la mejor versión de mí. Y esta es la mejor forma en la que me respeto a mí.**

Aquí entramos en un doble juego: cuando adoptamos el rol de agradar a los demás, estamos para el otro, no para nosotras. Por eso, hay muchas cosas que no nos funcionan; por ejemplo, las terapias o los tratamientos. Hay personas que cuando se entregan a los demás lo hacen de maravilla, pero cuando deciden ocuparse de sí mismas, se encuentran con una maldición, nada resulta.

La equivocación de pensar que estar para el otro consiste en agradar al otro, en complacer al otro, es terrible, pues ahí se desencadena que el otro lo tenga que hacer contigo, por ti y para ti. Le crees en deuda y de alguna manera le pides y esperas recibir su ayuda; se produce una sensación, una creencia y una necesidad profunda del otro para poder conseguir algo, y esto te arrebata por completo tu poder.

Esta es una de mis teorías acerca de por qué muchas mujeres, que aparentemente no tienen problemas para concebir un hijo, no lo logran por ellas mismas. Su cuerpo no reacciona, y cuando recurren a una ayuda externa, más allá de la física, hay un componente que cubre esa necesidad y esa creencia profunda e inconsciente de que otro tiene el poder, de que otro puede ayudarlas a alcanzar lo que ellas no son capaces. Y entonces, sucede.

2.2. Complacer

Respetarse o agredirse, dejarse respetar o agredir, sentirse respetada o agredida. El autorrespeto y la autoagresión…

Si tuvieras que valorar de cero a diez cuánto de complaciente eres, ¿qué contestarías? En el trabajo, en la vida, en la pareja, contigo, con los demás… Haz un repaso, no des una respuesta inmediata.

Reflexiona y responde sinceramente sintiendo la respuesta, aunque pueda doler decirte la verdad.

Una constante que he comprobado a lo largo de mi vida y en casi todas las mujeres a las que veo, es el exceso de complacencia, la necesidad oculta y la costumbre de agradar siempre, de estar siempre para el otro, imposibilitando cada vez más SER y ESTAR para una misma.

¿Nos damos cuenta de que solemos ser más complacientes con los demás que con nosotras mismas? ¿Qué sentimos cuando nos decimos eso?

Quizá nunca hayas valorado hasta ahora lo importante que es el respeto a ti misma, en lo físico, en lo psicológico, en lo material, en lo espiritual, en lo emocional, en lo laboral, en lo personal, en lo sexual, en lo mental, en todo…

La sensación de respeto empieza por el autorrespeto.

Esto te hará tomar mejores decisiones, con más firmeza, más confianza, más seguridad, sabiendo que nunca te equivocas y proporcionándote una sensación de felicidad mucho mayor porque propiciará que puedas superar cada uno de los momentos difíciles sin tantas penalidades ni tanta frustración, para evitar así que llegues a la desesperación.

Resulta indispensable todo lo que te explico a través del programa de Las Leyes de la Fertilidad, por eso lo he creado, ya que todo parte de un autoconocimiento y un desarrollo interior. Esto es básico para lograr cualquier propósito en tu vida y por supuesto el objetivo de tener un hijo.

El respeto es un sentimiento muy profundo que nace en tu interior y que necesita de la comprensión de esa parte inconsciente que actúa por ti misma, para ti misma y que eres tú misma.

Sé que las mujeres hemos heredado una concepción del respeto muy muy deteriorada. ¿Crees que nuestras abuelas, bisabuelas, tatarabuelas y antepasadas de hace mil años han tenido la oportunidad alguna vez de plantearse esto de forma abierta, de forma sana? ¿Crees que se han sentido respetadas?

La herencia ancestral femenina está muy dañada —incluso destrozada— en todos los aspectos: de poder creador, de autoestima y de respeto. Lo advierto a diario y lo experimentado en mí misma, he visto de primera mano la ausencia del respeto, desde mi madre hasta mujeres que no he conocido, pasando por otras que sí. En mi familia no se las ha escuchado, no se les ha hablado correctamente, se les ha hecho creer que no podían, que no eran capaces de casi nada, que no tenían, que no valían…, lo cual ha repercutido en las que hemos llegado después nos sentimos muy muy muy pequeñitas interiormente en lo femenino y tenemos que hacer un gran trabajo para recuperar y rehacer ese poder infinito durante tantos años golpeado.

Esa es la razón, o al menos mi conclusión.

A veces me preguntan por qué ahora, por qué en nuestra sociedad, en nuestra generación, hay tantos problemas para tener hijos cuando antes se tenían sin problemas…

«¿Sin problemas?», respondo yo. «Sin problemas para quién?». Porque casi todas las mujeres con las que he hablado y cuyas historias he tenido la oportunidad de conocer me han dicho que para ellas sí era un problema, porque no se sentían respetadas, porque tenían que satisfacer y complacer al hombre y era así como se concebía un hijo.

Porque era un problema sentir placer, porque con-placer a una misma era pecado. Sí que era un problema tener que complacer al otro, porque implicaba olvidarse de sí mismas, de que es importante, de que ellas gozaban del mismo derecho de ser respetadas y complacidas.

Era un problema porque no las cuidaban, ni siquiera embarazadas, cuando deberían estar en un pedestal porque llevaban dentro el futuro, las siguientes vidas, las siguientes generaciones y LA VIDA en sí misma. Lejos de ser atendidas, debían seguir complaciendo y ocupándose de los demás. Nos parece lo normal, pero no, no lo es, es un problema.

Porque nos han hecho creer que parir es algo que hay que afrontar con dolor, de cualquier manera. Al ponernos·de parto, nos consultan cuando ya se ha informado a la madre, a la pareja o allegados… Todos saben lo que hay que hacer, cuándo hay que ir, de qué manera, a qué hora, en qué postura…, y así de nuevo la mujer deja en muchas ocasiones de ser respetada.

Esto es lo que nuestro inconsciente rechaza de manera natural, esa pérdida de respeto de capacidad y de poder de creación.

Ahí reside el origen del problema, y es lo que hay que reparar. El problema actual es solo una consecuencia.

Porque autorrespetarse significa dar valor a tu propia existencia y solo de esa manera puedes dar lugar a la existencia del otro y también a la nueva vida que deseas albergar en tu interior. Respetarte y valorarte a ti misma te permitirá respetar y valorar a los demás, así como tu vida y la nueva vida que vas a crear.

Si eres capaz de darte espacio a ti misma, también puedes darlo en tu interior. Si te falta este autorrespeto, te faltará el respeto hacia otras personas; además, dependerás siempre de que te den su apoyo y su ayuda, de modo que permanecerás inestable internamente y conseguirás que tu cuerpo cree en su interior esa inestabilidad.

¿Te has planteado cómo sería tu vida Con-Respeto y Con-Placer?

2.3. Ejercicio «SÍ/NO»

Te propongo una práctica que no te dejará indiferente. Repasa las veces que le dices SÍ al otro, que complaces en exceso, que haces algo para agradar, para que no te rechacen. Al mismo tiempo, coge medio folio en blanco y escribe «SÍ». Después, pásale una cuerdecita al papel a través de dos agujeros, para hacer un cartel y colgarlo en tu cuello. Cuando lo tengas, ve a dar una vuelta con él; si no te atreves, pasea por la sala, por el pasillo de tu casa, por donde te encuentres a solas. Quédate de pie mientras revisas tu vida en una línea por la que has ido con ese cartel diciendo sí a todo. Déjate sentir.

Ese cartel representa el que lleva tu inconsciente a otro nivel, el que les permite saber a los demás que siempre estás dispuesta, que eres incapaz de decir que no. Esta es una frase que oigo miles de veces: «Yo no sé decir que NO».

Date una vuelta por tu niñez, por tu adolescencia, por tus primeras relaciones, por tus primeras parejas, por tus primeras relaciones laborales, por tus primeros trabajos. Un recorrido desde que naciste hasta hoy. Con el cartel al cuello, ponte delante de papá, de mamá, de la pareja, de una amiga, de un amigo y observa qué pasa. Podrías pasar muchas horas haciendo este ejercicio y tendría un gran impacto en ti, porque con el paso del tiempo, cuando ese cartel es visible para los demás, empiezan a suceder cosas. Como si no tuvierais el cartel de «NO» para el de enfrente.

Practica el ejercicio con cada persona que ha pasado por tu vida, imagínate allí, delante de una pareja, de tu madre. Imagina todas las veces en la vida que estabas encendiendo este cartel por no decir que no, para que no te rechazasen, para que te quisieran, para agradar, para hacer de niña buena, de hija buena, de amiga buena.

Mira lo que ocurre en el otro lado del cartel, por detrás, hacia ti. ¿Alguien ha dicho alguna vez «No sé decir que no»? Pues es una mentira, porque realmente en el otro lado del cartel siempre hay otra palabra, y la vas a escribir. Por detrás del «SÍ» vas a escribir un «NO», la otra cara de la moneda. Cuando lo tengas, vuelve a colgarte el cartel con el «SÍ» hacia los demás. Te darás cuenta de que sabes decir que no, pero te lo dices a ti misma.

Transcurridos unos cuantos minutos, reflexiona sobre lo siguiente: cada vez que les dices sí a otros, te estás diciendo a ti que no. ¿Qué pasa? Porque sí sabes decir que no...

Es verdad que a veces puede haber un sí por las dos caras, es verdad, pero muchas de las veces que dices sí, te estás diciendo no, y debes ser consciente de ello.

Cuando llevas el cartel de manera consciente, la vida se complica si quieres mostrar el sí a todo el mundo, porque ahora sabes que te estás diciendo a ti que no, y eso es difícil. Por tanto, a partir de hoy, ve con el cartel. Cuélgatelo o, si lo prefieres, guárdalo doblado (por dentro o por fuera de la ropa). Fíjate en lo que pasa dentro de ti cuando al mostrar el sí a los demás te estás diciendo que no.

¿Qué sientes al hacerlo, qué cambia, qué ocurre? Quiero que haya reacciones, que haya cambios, que le des la vuelta al cartel conscientemente.

Cuéntamelo después de unas semanas llevando el cartel. Juega a decir que sí y a decir que no, así como a integrar las reacciones que se van a producir. Al darle la vuelta conscientemente al cartel, al ver la parte que mira hacia ti, no estás diciendo no a los demás, te estás diciendo sí a ti. Al principio puede resultar extraño a otros, pero enseguida percibirás que muchos entienden tu postura (se lo toman bien y hasta te dan las gracias), y eso quizás te sorprenda. Tienes que reafirmar este sí para contrarrestar todos los noes que has recibido y que te has dado durante toda tu vida y que te han hecho perder tu poder.

¿Pero sabes qué? En realidad está en ti, siempre ha estado, solo hay que recuperarlo, hay que reconectar.

2.4. El boicot del lenguaje

Una segunda parte del ejercicio se dirige sobre todo a mujeres que le siguen diciendo a la gente que no y que terminan quedándose el no para ellas. A esas mujeres les digo que simbolicen esa parte de sí mismas tan apagadita donde se sienten tan poco merecedoras, con tan poco poder, con tan poca autoestima.

Si es tu caso, una vez simbolizada esa parte, da un paso más y conviértela en una niña pequeña de un año, de dos, de tres. Pregúntate si cada vez que tú te dices no, si se lo dirías a ella, porque puedes ser superdura contigo misma, pero con los demás… y con los niños… es más difícil. Así pues, recuerda que esa parte está en ti, y que visto lo visto, es bastante cruel lo que te haces sin darte cuenta.

Imagínate la huella que va quedando en tu inconsciente, en tus pensamientos, en lo que crees de ti… pequeñas gotitas que lo reafirman. Y si te consideras muy poco, que vales muy poco y que nadie te va a querer lo poco que eres, juega con el cartel, a ver si lo consigues. Pero tu interior, tu ser, solo entiende el mensaje que muestras hacia ti, no hacia fuera. El que vean los otros estará sujeto a interpretación, el tuyo no falla.

Imagina esa parte de ti que es una niña de un año o de dos, porque tu inconsciente es así, una niña pequeña a la que le dicen: «Vas a hacer siete horas extras que no te voy a pagar; te voy a gritar; vas a ayudar en casa; no se te va a escuchar porque tú eres la última mona; aquí no pintas nada; si tienes algo que decir, te callas». ¿Qué pasaría si le hicierais eso a una niñita durante un día y otro? Estaría hundida, se lo terminaría creyendo, no querría estar con nadie, preferiría estar sola, no se fiaría de la gente, llegaría a enfermar, se distanciaría, estaría deseando ser mayor, vengarse y marcharse. Esto es lo que te pasa a ti cuando te dices que no, que deseas perderte de vista. Y llega un momento que te distancias tanto de ti misma que no quieres saber nada, porque has sido muy cruel. El problema es que no te puedes zafar de ti misma.

Toma conciencia de cada vez que dices sí a los otros y no a ti misma, porque eso va dejando una honda huella en ti y hay cosas que no debes permitir.

Imagínate, además, a esa niña pequeña que llevas todo el día contigo (esa parte de tu inconsciente), cuando le dices no: «No hables, no opines, no tienes derecho a…, no…, no…, no…, y no te voy a escuchar». Si eres de las que aseguran que tienen tiempo para los demás, pero no para ti misma, ese es el mensaje que le estará llegando a tu inconsciente (donde se ubica tu autoestima, tu capacidad y tu valor), que empezará a dudar de si realmente existe. Quizá ver el ejemplo de tener más tiempo para ti (para esa niña) o para los demás te permita descubrir lo que nunca has visto. Suele ser superefectivo.

Por tanto, es importante que empieces a jugar con esa parte de ti, que reside en una parte muy concreta de tu cuerpo, simbolizada en esa pequeña niña, y que le dediques unos minutos al día, atiendas alguna de sus peticiones, de sus necesidades, etc.

¿Qué sientes cuando ves esa parte de ti así?

Vamos a hacer ahora otro ejercicio para que te des cuenta de otras cosas que haces. Piensa un poco en esta mañana, en ayer, en anteayer, en vivencias cotidianas, y apunta en un papel expresiones que utilizas cuando hablas contigo misma en alto o mentalmente.

Busca y escribe esas típicas frases, aunque sea una coletilla del tipo «¡Estoy más tonta…!» o «¡Tengo una cabeza…!». Y puedes grabarte eso que has escrito, para luego escucharlo, como si se lo dijeras a alguien o alguien te lo dijera. ¿Qué ocurre?

El ejercicio es muy sencillo. Reflexiona sobre el lenguaje que utilizas en tu día a día. Copia en un papel todo lo que recuerdes que normalmente te dices, en momentos en los que mantienes una discusión, en los que te arrepientes de algo, en los que te has sentido incapaz de algo, en los que te reprimes, te regañas, te infravaloras, te enfadas contigo misma, te culpas, etc. Y grábalo en un audio con el móvil como si llamaras a alguien y le leyeras o le dijeras eso. Y después te lo pones y lo escuchas como si alguien te lo dijera así. ¿Te haces una idea del daño del lenguaje hablado y no hablado? Porque tus pensamientos son las palabras que te dices sin sonido, y tienen el mismo impacto.

¿Por qué no juegas mejor a decirte lo que necesitas escuchar para sentirte respetada y poderosa?

2.5. Hablándote a ti

Busca a alguien en tu vida cotidiana con quien jugar durante un minuto (cronometrado). Dile cosas bonitas al oído: «Eres preciosa, hueles deliciosamente bien, transmites muchísima tranquilidad…». La otra persona no puede hacer ni decir nada. Transcurrido el minuto, tú te quedas quieta en el sitio, en silencio, y la otra hace el mismo ejercicio durante otro minuto.

Además, vais a grabar en vuestros móviles lo que os decís. De modo que cada una tendrá dos audios: el que ha grabado con la lista de palabras o de frases terribles que nos decimos a veces; y el de apreciaciones agradables que le hemos dicho a la pareja de juego.

A continuación, cada una se va a retirar durante cinco minutos a un lugar en la intimidad. Primero os ponéis el audio del trato cruel. Lo vais a escuchar dos veces, una por el oído derecho y otra por el oído izquierdo (que se escuchan cosas diferentes). Cuando hayáis terminado, si habéis sentido algo o tomado conciencia de algo, lo podéis apuntar. Después escucháis el audio maravilloso con lo que le habéis dicho a la otra persona, como si alguien os lo estuviera diciendo a vosotras, como si vosotras mismas os dijerais todo eso, y contadme qué pasa.

Aparte de otras evidencias, este ejercicio te permitirá ver hasta qué punto subestimamos el poder del lenguaje. La lengua oral se puede oír, la expresamos en voz alta. Pero el lenguaje que utilizamos para dirigirnos a nosotras mismas es externo e interno, hacia el exterior y hacia el interior, así que todo eso que subestimas, que crees que no afecta cuando te dices «¡qué tonta!», al escucharlo te parecerá increíble que haya alguien que te diga eso tan malo todos los días; y lo cierto es que lo hay.

Ahora vuelve a imaginar a esa niña que forma parte de ti y que simboliza tu autoestima, a la que todos los días castigas y culpas unas cuantas veces. ¿Lo harías? Ya no es cruel, es supercruel.

En cambio, solemos decirnos pocas cosas bonitas. Incluso, cuando nos las dicen, a veces nos cuesta recibirlas. Aunque creamos que podemos decir a otros las cosas bonitas que no nos sabemos decir a nosotras, es mentira a un nivel inconsciente. Hacemos hacia fuera lo que hacemos con nosotras, aunque nunca lleguemos a ser tan crueles como lo somos con nosotras mismas. Por eso es conveniente que, cada vez que te descubras diciéndote estas atrocidades, te PERDONES o grabes un audio que contrarreste lo dicho con comentarios amables.

Como es probable que te cueste encontrar palabras hermosas para ti misma, sitúate frente a las personas que más admires, las conozcas o no, y diles todos esos piropos, todas esas cualidades preciosas que adviertes o los mejores valores que tienen, el cariño que te inspiran, y mientras lo dices, grábalo. Después póntelo para ti, pues lo que va a tener mucho efecto es escucharlo con tu propia voz, escuchar lo que en realidad te dices a ti misma. Porque solo puedes hablar de ti, de lo que más anhelas o de lo que más tienes. Esta es la trampa del ejercicio: piensas que al otro le estás diciendo un montón de cosas, pero únicamente puedes hablar de ti. Tiene pues una doble intención: que te escuches de tu interior a tu interior y que te escuches con tu voz.

Juega a escuchar las grabaciones varias veces y trata de repetir el ejercicio, ya que causará un gran impacto en ti. Cuando seas capaz de admitirlo en ti, podrás admitir los halagos que vienen de fuera, las palabras bonitas, las valoraciones.

Una de las mejores palabras que puedes decir cada vez que oigas algo bueno de ti, tanto del exterior como del interior, es GRACIAS. Posiblemente, cuando lo hagas, hasta te emocione, y si eso ocurre, significa que hay una parte de ti que está reaccionando.

Juega a darte el mensaje y a utilizar el lenguaje correcto, porque no atendemos a ello pero tienen mucho peso aunque quizás no te lo parezca.

«SÍ EN PRESENTE POSITIVO DEL PLUSCUAMPERFECTO». Es un tiempo verbal que yo me he inventado y sirve para decir: SÍ, SÍ, SÍ, SÍ. En presente, en positivo, en hoy, todo el tiempo sí, porque tiene un poder muy grande y produce una emoción buena. No hace falta expresarlo de viva voz, es ese cartel que vas a llevar dado la vuelta.

A través del lenguaje mandas la información «incorrecta» a tu mente (y a los demás). Deja el «¡NO, mañana...!», «un día de estos...», «sí, pero...», «tengo que...», «qué flojera, qué aburrido...», «no voy a ser capaz». Mensajes que no son tan demoledores pero sí te instalan en la pereza, en el «no puedo, mejor lo hago más adelante». Elimina las expresiones que significan futuro, obligación e incapacidad, POR LA EMOCIÓN LIMITANTE QUE PRODUCEN. Para comprobar con mayor claridad el efecto de esos mensajes, prueba a decírselos a la niña pequeña que representa la parte inconsciente de tu mente donde se alojan tu autoestima, tu capacidad, tu poder: «¡NO, mañana...!», «¡No puedo!», «¡Ay, no, qué pereza!», «¡Tienes que...!». Será útil siempre.

Ser consciente del lenguaje y cambiarlo es un hábito que vas a tener que crear repitiendo. Los hábitos se crean así. Hay algo que ya ha cambiado hoy, pero cuanto más lo repitas, más se va a grabar en ti, y llegará un momento en el que ya no se podrá borrar (tendrías que adoptar el hábito contrario para cambiar al anterior).

2.6. La mejor versión de ti

Puedes retomar la última imagen, la última mejor versión de ti misma si la recuerdas al menos vagamente. Deja que se haga, y si es diferente no importa, también vale.

Ahora dedica un par de minutos o tres a modificarla de nuevo, creando la MEJOR VERSIÓN DE TI MISMA. Recuerda que dispones de todas las herramientas, de todos los superpoderes, de todos los programas de edición… Eres escultora, pintora, creativa. Con esas herramientas que conoces e incluso con las que no conoces o crees que son imposibles, elimina todo aquello que no quieres, que no te gusta. Elimina los términos y las frases negativas. Mira qué pasa cuando creas la mejor versión de ti hablándote bien, diciéndote palabras bellísimas, escuchándolas y agradeciéndolas. Deja que eso tenga efecto en la imagen. Observa qué cambios ocurren cuando te dices sí, cuando pones frente a ti un cartel que dice sí, cuando el sí mira hacia ti. Se ve cómo cambia el gesto, el cuerpo, la vestimenta. Deja que se haga, pero tú también puedes hacer, intervenir, cambiar. Es la imaginación, ahí no hay límites.

Construye la mejor versión de ti sin límites. Y deja que la imagen de esa versión gane en detalle, en color. Como si pudieras ir perfilando un cuadro o retocando una foto. Para que cuando lo veas te encante. No significa que sea real, ni que te la creas, ni que sea posible. Puedes crearla como quieras. CREA LA MEJOR VERSIÓN DE TI.

Cuando la tengas, hazle una foto, enmárcala y quédatela desde hoy, unos cuantos días, contemplándola, disfrutándola, repitiéndola, volviéndola a retocar, intentando mejorarla a diario (los gestos, las sensaciones, las palabras…). De este modo, cada vez tendrás una mejor versión de la mejor versión de ti misma.

Poco a poco, abre los ojos, a tu ritmo, y recrea la imagen todo lo posible en esta semana. ¿Ha cambiado algo con respecto a la de la semana anterior? ¿Has podido hacer nuevos retoques? ¿Has conseguido mejorarla? ¿Has visto algo mejor?

Recuerda que no hay límites, que tienes cualquier herramienta. Retócala como necesites. Te irá costando menos porque habrá una estructura en tu inconsciente que ya no podrá verse como ahí. Y cuando pongas esto en práctica en los próximos días, la siguiente aún será mejor.

Si quieres centrarte totalmente en esa creación imaginaria escuchando el audio guiado, puedes acceder al curso *online* «Recupera tu poder creador».

No olvides decirte SÍ, lleva el cartel física o mentalmente, deja que todo se vaya instalando poco a poco en ti y se producirán cambios sin que te des cuenta de cómo sucedieron.

Haz una imagen de ti ahora, la que sea.
¿Cómo te ves?
Cuando la tengas bien creada, con todo detalle, empieza a ELIMINAR lo negativo, cámbialo a tu gusto, sin límites, mejorando la imagen física, las habilidades, los puntos fuertes...
Haz cambios supermotivadores, vuélvete LOCA.
Ve cambiando y haciendo ajustes hasta que sea la mejor obra de tu vida.

LA MEJOR VERSIÓN DE TI MISMA,

¡ACEPTANDO Y CRECIENDO!
¡DICIÉNDOTE SÍ, HABLÁNDOTE BIEN, CON RESPETO!

Como en cada capítulo, te voy a invitar, antes de que sigas leyendo, a que hagas una breve reflexión durante unos minutos. Es de suma importancia, porque no consiste en leerlo y conocer todo cuanto antes, sino de comprender en lo profundo, en todas tus capas, en integrar... Y la experiencia te permite integrar automáticamente, por eso espero que hayas puesto en práctica los ejercicios y ahora puedas permitirte la reflexión, las conclusiones, a partir de cuestiones como estas:

- ¿Cómo te sientes?
- ¿Qué piensas ahora?
- ¿Qué es eso que has trabajado en estos días?
- ¿Cómo ha cambiado tu percepción?
- ¿Qué ha mejorado?
- ¿Qué se ha desbloqueado?
- ¿Qué has hecho y qué has sentido nuevo?

Sé benevolente y comprensiva contigo. No te respondas «nada», ya que no eres la misma que hace unos minutos, unos días, unos meses... Todo está en constante cambio y tú también, si te das la oportunidad de hacer algo nuevo, como la que se te presenta ahora si aplicas lo que te voy contando, así que cuéntame, cuéntate, y responde amigablemente para ti.

Concédete el cambio.

Ya sabes que el simple hecho de pararnos unos segundos a reflexionar, a tomar conciencia y escribirlo, provoca en tu cerebro nuevas conexiones que pasarán a aplicarse y funcionar en el día a día.

Y a veces, podemos explicarlo claramente con palabras. Otras veces, no sabemos muy bien qué es lo que ha cambiado, pero algo ha cambiado. Ese pequeño esfuerzo de ponerle palabras, de intentar explicar qué hemos sentido va a hacer que salga más a la luz, que tomemos más conciencia de los cambios que ocurren y que tengan mayor incidencia en ti y en tu biología.

Piensa e intenta responder también a preguntas como las siguientes:

- ¿En qué te has respetado?
- ¿Qué has respetado?
- ¿En qué te sentiste más respetada?

No hay mayor presencia que la del respeto a uno mismo. Nunca te creas equivocada, nadie lo está, porque cada uno vive en lo cierto de su realidad.

CAPÍTULO 3

ORGULLO Y VERGÜENZA

Orgullo y vergüenza

Instante práctico: Aquí y Ahora

Respira profundo, cierra los ojos si es posible, vuelve la mirada hacia tu interior, percibe las sensaciones y la vida que hay dentro de ti, no fuera. Al prestar atención a esto, ya está más presente y más en contacto contigo misma, ya lo has conseguido.

Ahora conecta contigo y con este instante al cien por cien, porque a lo mejor hay una parte de ti que no está aquí, sino en el pasado o en el futuro. Para ello, respira profundamente por la nariz o por la boca, como mínimo tres veces. Cada vez que inhalas te traes todas y cada una de tus partes al momento presente, así como tus pensamientos, a todos tus seres, todas tus capas y todos tus yoes, sintiendo que progresivamente estás más conectada con el aquí y el ahora. Y cada vez que expulsas aire, dejas ir, sueltas, abres un paréntesis, abandonas cualquier cosa que has dejado fuera de este instante en el que estás leyendo y practicando para ti.

Cuando trabajes contigo misma, acostúmbrate a apartar todo lo que hay ahí (problemas, no problemas, la risa, lo bueno, lo malo, el tráfico, el trabajo, el ruido…). Solo al conectar con la respiración podrás empezar a sentirse físicamente, con el hecho de respirar y sentir el aire que entra, que se aposenta, que se instala en sí mismo y se llena de sí mismo. Es ese instante aquí y ahora en el que se crea la magia de dedicarte a ti exclusivamente donde existe la posibilidad de reconectar y desarrollar esta gran capacidad de crear que tienes y que en el algún momento has ido perdiendo, olvidando, desconectando.

Procura buscar este instante muchas veces al día, haz que forme parte de tu vida.

3.1. La frase

Ya sabes que en cada capítulo empezamos el tema que vamos a abordar con una frase sugerente. Guíate siempre por lo primero que surge en ti. Puede que te sorprenda, que te enfade, que te agreda, que te ilusione. Mira qué pasa en ti cuando lees esto, sin pensar, ni analizar, dejándote llenar y sentir:

> **«ME AVERGÜENZA LA ALABANZA PORQUE ME SATISFACE EN SECRETO».**

Atenta: ¿qué ocurre?, ¿qué te impacta?, ¿qué sientes?, ¿qué te llama la atención?, ¿qué genera en ti?, ¿qué ocurre cuando lees que la alabanza te avergüenza porque te satisface en secreto?

¡Anótalo!

Es importante que hagas una reflexión de unos minutos con la frase porque es un mensaje a tu inconsciente que puede despertar algo, llevar a la conciencia algo, preguntarte algo de manera consciente o «romper» algo. Sea lo que sea lo que sientes, te va a dar información.

Si no somos capaces de aceptar una alabanza, tenemos un problema de autoestima. Cuando escuchamos esas cosas tan bonitas que otro nos dice y nos avergonzamos, nos excusamos, nos sonrojamos, y ya no sabemos qué decir o pensamos «¡Calla, no me conoces!» o «¡No te creo!» o «¡Eso me lo dices para quedar bien!»... realmente es falsa humildad.

Uno de los problemas de las mentes humanas es que siempre están buscando justificaciones para todo lo que hacen. De modo que si nos sentimos mal o cometemos un error, nos apresuramos a buscar una explicación; si no, «no podemos vivir». Entonces, aunque nuestra autoestima o nuestra capacidad de querernos estén bajo mínimos, no lo vamos a admitir y recurrimos a la excusa de que somos humildes, por ejemplo.

Pero realmente hay un porcentaje altísimo de personas en la sociedad que viven en una falsa humildad. Porque no solo no encajan una alabanza, sino que tampoco son capaces de decir esas palabras bonitas, amables, orgullosas y amorosas. Terrible, ¿verdad?

Eso es lo que quiere decir la segunda parte de la frase. Porque realmente hay una parte de nuestro inconsciente que necesita que alguien le diga: «¡Qué guapo!», «¡Qué guapa!», «¡Qué inteligente!», «¡Qué buena decisión!», «¡Qué bien haces tu trabajo!», «¡Qué talento tienes para...!», «¡Qué arte con las manos, o hablando o haciendo números o lo que sea!».

Frases a las que deberíamos replicar con un «Gracias, lo sé». Sin embargo, tal reacción, nos conduciría a opinar «¡Qué creído!», «¡Qué creída!», «¡Qué prepotente!»... Eso nos demuestra que vivimos en una sociedad muy hipócrita.

Eso no es humildad.

> **La falsa humildad pone de manifiesto el daño que ha sufrido tu poder personal.**

Si por lo general te cuesta recibir un halago o una palabra de consuelo, te costará en el tema del embarazo. Para empezar, ya nos avergüenza confesar que estamos buscando un hijo y que no llega, situación que debería ser motivo más de orgullo que de sonrojo y atraer muestras de apoyo. Pues igual que te cuesta tolerar esos gestos de cariño, te cuesta ofrecerlos. Son muchísimas las mujeres que afirman sentir envidia y rabia de ver a mamás con sus hijos, a futuras mamás embarazadas, carritos o conversaciones de hijos, y que por supuesto les supone un esfuerzo dar la enhorabuena o alegrarse de corazón.

Cuando te avergüenzas o te escondes, o no sale de ti una felicitación sincera, de alguna manera te sientes infravalorada. Y esto también refleja un problema de autoestima.

Primero debemos ser conscientes y romper la estructura que nos programa, para que después puedan entrar esas cualidades que sí tienes y te vas a creer, de manera que encuentren cabida. Es lo que estamos haciendo ahora.

Luego, vamos a recuperar tus capacidades y tus valores y tu PODER CREADOR. Ese será el siguiente paso: no solo se trata de que seas consciente de ello, también has de mostrarlo y explotar con el fin de dar y de ayudar, porque eso es un regalo para la vida, para la sociedad. Si todos fuéramos conscientes de nuestros mejores talentos y nos dedicáramos a hacerlos visibles y a dárselos a los demás, eso sería una gran muestra de aceptación y de respeto —por ofrecer al mundo lo mejor de ti— y además favorecería una actitud muy positiva de los demás hacia ti, que te agradecerían el gesto.

Todos desearíamos una reciprocidad como esa, ¿a que sí? Pues alguien tiene que empezar, y cuando lo hace, sabes que esa persona es humilde porque, igual que revela su talento, también reconoce lo contrario: «Mira, eso otro no lo sé, no lo conozco o necesito la ayuda para aprender», «A mí no me hables de pintar esa pared, porque la he pintado ocho veces y no sé cuál de las ocho ha quedado peor». Y no pasa nada por ello. Pero el que no es capaz de admitir una alabanza, ni de alabarse a sí mismo, tampoco es capaz de admitir errores, porque le enfrenta a su realidad emocional, que es la autoestima por los suelos. Admitir un error le reafirma en el error, en la mala decisión, en lo que no sabe hacer. Esa es la verdadera humildad. ¿Lo ves?

Encontrarás a muy poca gente que se atreva a afirmar «Soy muy bueno haciendo esto, pero no me mandes hacer esto otro». Y precisamente en eso consiste ser humilde: en aceptar tus mejores talentos, tus mejores virtudes, lo mejor de ti y tus peores errores, tus peores defectos, tus peores debilidades. Todos las tenemos y solo admitiéndolas conseguimos el valor y las herramientas para cambiarlo.

Muchas personas viven sin reconocer sus errores o lo que no son capaces de conseguir, porque sienten que se precipitan al estrés de añadir más defectos y más sentimientos de incapacidad a la escasa consideración en que ya de por sí se tienen. Pero hay una necesidad en cada una de las personas que es VITAL, pues los humanos necesitamos el reconocimiento social, que nos digan «Tú vales, tú eres capaz». Eso nos satisface en secreto, pero si somos incapaces de reconocerlo o reconocérnoslo, hay algo que reparar.

Y en eso vamos a trabajar en el siguiente apartado, para que a partir de hoy seas una de las personas verdaderamente humildes que hay en la sociedad. Porque aunque parezca paradójico, es esto lo que te va a cargar de VALOR y CAPACIDAD.

Podrás reconocer tus mejores talentos y también tus peores defectos. Le harás un gran favor a quienes te rodean, porque eso que admites que haces tan bien o que tienes tan bueno puedes mostrarlo y todo el mundo saldrá beneficiado, pues es maravilloso. Es muy bonito el reconocimiento, el de los demás y el tuyo. No tiene nada de malo, todo lo contrario.

Esta actitud no tiene nada que ver con la prepotencia, que en realidad también delata una autoestima por los suelos. Te lo explicaré más adelante: este perfil es el que trata de «escalar» por encima de los demás para ocultar la parte que estas personas no estiman de sí mismas. Es su mecanismo de defensa como extremo compensatorio.

Pero cuando hablo de orgullo me refiero a reconocimiento de lo que hay en nosotros que es motivo de alabanza, de alegría y honor, no de presumir, ni de prepotencia ni de ser vanidoso. NO es eso, son cosas diferentes.

Y quizá te preguntes qué tiene que ver todo esto con tu problema para ser mamá… ¡Pues mucho! ¡¡¡Muchísimo!!! Porque la vergüenza frente a sentirte orgullosa, valiosa y apreciarte con una alta autoestima produce efectos diferentes en ti.

La vergüenza es una emoción y una reacción biológica que se remonta a los orígenes de la humanidad. Ocurre en una parte del cerebro o, mejor dicho, sentir esa emoción tiene un impacto en el cerebro, exactamente en el córtex del cíngulo anterior, que se activa cuando hay una emoción o un sentimiento de vergüenza, entre otras causas. Además, produce una reacción física adicional (sonrojo, sudor de las manos, latido cardíaco acelerado…), y desencadena mecanismos que repercuten en la biología.

Esa parte de tu cerebro que recibe una señal cuando te avergüenzas rige asimismo tus emociones y de tu comportamiento; por ejemplo, se encarga de comprobar tu evolución como individuo dentro de la especie, y tiene que ver en el síndrome de dependencia del medio, que conlleva la pérdida de autonomía personal, influye en la atención y la distracción, la hiperreactividad, la motivación y la apatía, entre otros síntomas. ¿No te parece que puede influir en tu objetivo?

¿Y a que te avergüenzas más de lo que deberías…? ¿A que sí? ¿Y a que en algún momento o en alguna situación sientes vergüenza de contar lo que te pasa, de no poder quedarte embarazada, de llevar mucho tiempo intentándolo sin conseguirlo, de pensar que no haces lo correcto, que no eres la correcta y no eres capaz, que quizá piensen que no valgas, que no seas suficiente como mujer…? De ese modo solo consigues reforzar el problema y el bloqueo.

Porque cuanto más nos avergonzamos, más pequeñitas nos sentimos, y esto provoca que también disminuya tu seguridad y tu confianza. Eres capaz de crear vida, de quedarte embarazada y de conseguirlo todo, pero hay que trabajar en este poder, en creértelo, en abandonar la vergüenza, porque si en un momento dado te encuentras con un reto y con una situación que no sabes cómo manejar o desconoces por qué te ocurre, debes gritar a los cuatro vientos lo que sientes, buscar ayudas y consejos, y preguntarte: ¿qué hacen, qué piensan, qué sienten las que sí lo consiguen? No porque tú seas menos, sino porque ahora mismo dudas de tu capacidad, pero sí la tienes, y enseguida lo vamos a demostrar y lo vas a experimentar, de forma que ya no necesitarás ocultar con vergüenza lo que te sucede; al contrario: podrás mostrarlo con orgullo y con humildad al mismo tiempo, lo que hará que despegue tu capacidad.

Imagínate lo siguiente…

¿Cómo sería el mundo, la sociedad, tu entorno y tu vida si cada una de esas mujeres que te cruzas por la calle, en el portal, en el trabajo, te contaran en realidad que han vivido lo mismo que tú? Son cientos… no, miles, las que viven tu misma situación pero lo ocultan porque les avergüenza, y mantenerlo en secreto aún les avergüenza más y les hace sentir peor. Creen que no valen, que quizás han esperado demasiado tiempo y su familia u otras personas les van a decir la típica frase: «¿Lo ves? Te lo dije». Por eso es tan importante aceptar la circunstancia actual, para poder reconocer con orgullo: «Ahora mismo no sé por qué me ocurre esto, pero me está ocurriendo. Lo que sí sé es que tengo la humildad de admitirlo, el orgullo de decirlo y sentirlo, ya que me encuentro en esta situación porque soy mujer y porque tengo la capacidad de crear».

¿Te figuras a nuestras abuelas, a nuestras bisabuelas, a nuestras madres, a ti, a tus hijas y a todas las mujeres del mundo hablando de este tema y de este problema (de esta supuesta incapacidad) como algo natural y puntual en su vida, algo que ocurrió, y que todas pueden poner en común las soluciones que encontraron sin vergüenza, con orgullo y con humildad?

Sería muy diferente si todas lo hiciéramos, ¿verdad? Probablemente, tú no te sentirías como en este momento, así que... ¡¡comencemos cada una por el trabajo individual que nos corresponde!!

Y esto es extensible a otras facetas, porque resulta muy difícil superar esta sensación de vergüenza, de orgullo positivo o de falsa humildad solo para un aspecto de nuestra vida; debemos conseguirlo en todos, lo cual también nos aportará grandes satisfacciones y consecuencias favorables para el resto de los ámbitos; por tanto, vamos a hacerlo de una manera general para que puedas conseguir tu objetivo de forma particular.

Te aseguro que nunca lo que te pasa es tan grande como tu mente te hace creer. Proyéctate hacia delante, hasta dentro de cinco, diez o veinticinco años, o hasta el último día de tu vida, y echa la vista atrás. ¿Realmente es tan grave ese episodio o esa racha?

Para responder a esa cuestión, se hizo un experimento vistiendo a varias personas de forma muy llamativa y haciéndolas entrar en una sala llena de gente. Cada uno tenía que decir cuántos se habían fijado en ellos, y todos dijeron un número muchísimo mayor, más de diez e incluso cien veces mayor que el real. Esta comprobación científica demostró, así pues, que nada es tan importante o tan terrible, sino que la mente lo sobredimensiona.

Nunca te culpes ni te disculpes por algo que sientes, porque cuanto más lo hagas más importancia le darás y te sentirás más juzgada y avergonzada.

La vergüenza no está mal, como ninguna de las emociones humanas, siempre que sea puntual y no supere un umbral. Si se queda solo en un instante, pasará al olvido, pero si recordamos esa situación una y otra vez o pensamos en lo mismo que nos avergüenza una y otra vez, esa suma hace que lo que sentimos sea más profundo, una deshonra, y empieza a provocarnos síntomas mucho peores, como una gran ansiedad.

Cuando te encuentres en ese punto, cambia de pensamiento, recuerda la primera ley de las leyes de la fertilidad (la del estado), tira de tu libreta de recursos y cambia tu emoción inmediatamente.

Continuemos para sentirnos orgullosas, en lugar de avergonzadas.

3.2. Lista de vergüenza

Vas a hacer un ejercicio que consiste en elaborar dos listas en hojas diferentes: una, con de todo eso de lo que te avergüenzas, negativo; otra, de lo que te avergüenzas, positivo.

Ejemplos de aspectos negativos de los que te avergüenzas podrían ser aquellos que preferirías que no se notasen: «Hablo demasiado y meto la pata», «Soy muy agresiva y luego me siento culpable», «Me avergüenzo de mis manos», «Hablo muy alto», «Soy muy tímida y me faltan habilidades sociales», «No tengo cultura general sobre geografía», etc. Serían esos grandes defectos que consideras dificultades a cualquier nivel.

«Defectos» así producen ese sentimiento porque lo juzgamos. Sin juicio no hay vergüenza. Trabajaremos con ello después. Aspectos positivos de los que te avergüenzas son esas cosas que de alguna manera te satisfacen pero que no puedes reconocer. Esas cosas que la gente te dice que haces muy bien, o que tú misma lo sabes, pero que no las admites o no te las crees. Puede ser alguna habilidad como cantar; puede ser algo físico o mental, como tener buena memoria o inteligencia. Puede ser algún tipo de comportamiento, algún papel que desempeñes en tu vida. Cualidades que destacan de ti, como la paciencia, el carisma o la dulzura.

En cada lista deben aparecer al menos diez elementos. Fíjate en lo que has oído, en lo que a veces te dicen, en lo que no eres capaz de admitir pero que en el fondo reconoces aunque te avergüence. Ahora solo tienes que reconocerlo para ti.

3.3. El símbolo del juicio

El siguiente ejercicio que vamos a hacer es para trabajar la vergüenza, el juicio y la falsa humildad.

Vas a entrar en una parte de ti que ha sido juzgada y que se juzga. **Lo peor que tenemos en nuestra vida es el juicio.** Es el peor enemigo de la autoestima. Sin juicio no tendríamos ningún problema, no tendríamos vergüenza y por supuesto no nos sentiríamos culpables, pero este mal existe.

Harás algo muy sencillo.
Te vas a imaginar alguna situación en la vida en la que te has juzgado, en la que te han juzgado, en la que te has sentido juzgada por otro, por ti… Simplemente, para que te vengan sensaciones o

recuerdos que te pongan en contacto con ese juicio. Mira cuánto te juzgas, cuánto has sido juzgada por el profesor, los padres, los amigos, los compañeros de trabajo, la pareja, por ti misma. Desde el punto de vista físico, emocional, sexual…
Entenderemos por *juicio* una opinión que causa un impacto negativo en ti (que te condiciona, que te hace sentir mal); y por *opinión,* una mirada, un gesto, una interpretación o un mensaje del otro. A veces, ese juicio viene de ti misma, y su efecto resulta funesto, porque no admites lo que ha ocurrido; por eso es tan importante el primer trabajo que hicimos: el de la aceptación. Si todo fuera aceptación, no habría juicio, y viceversa.

Hay un detalle muy importante que te he mencionado detrás del juicio: la culpa. También la trabajaremos después.
Vas a empezar haciendo un recuento de las ocasiones en que te has sentido juzgada a lo largo del día de hoy, desde fuera o por ti misma, en qué situaciones, con qué opiniones, con qué miradas, con qué gestos, en qué entornos, etc., para ir tomando conciencia de ello.

Para unos minutos y pregúntate: ¿cuánto me juzgo?; ¿cuánto y cuándo me siento juzgada?; ¿cuánto me juzgan en esto, en lo otro, aquí, allá, en este ámbito, esta persona?

Tras escribir las respuestas, aparca la cabeza. Coge un trozo de papel y dibuja lo que para ti es el juicio. Siente la emoción que te juzga, la emoción del juicio. Puede ser una mirada, unas palabras, un dedo acusador. Deja que tu inconsciente lo muestre, sin que tengas que pensar. Ponte en contacto con el momento en que te juzgas, en que te sientes juzgada, y deja que el inconsciente te dé una imagen simbólica que tenga que ver con ese juicio (unos ojos, una mano, una boca, una palabra, un sonido…). Déjate sorprender.

¿Cuál es para ti el símbolo del juicio?
Cuando lo averigües, dibújalo. Que no te preocupe si te sale bien o mal; basta con que tú lo entiendas y lo asocies al juicio.

3.4. Ejercicio «Al banquillo»

Coge las listas de cosas que os avergüenzan y el símbolo del juicio. Deja cerca las listas y sitúate frente al símbolo del juicio para vivir tu propio juicio.

Busca un lugar en la sala y siéntate tranquilamente en el banquillo de los acusados esperando a que lleguen el juez y el abogado.

Cierra los ojos y observa qué pasa cuando te sientas y qué sientes ahí, a la espera de ser juzgada por algo. Analiza tus sensaciones: si el asiento es cómodo, si te sientes nerviosa o con miedo, si parece que algo grave va a pasar o si te da igual. Permítete sentir cualquier cosa. Es importante pasa por tu mente en esos instantes. Es una autoobservación: si estás a la defensiva, si de repente te has hecho pequeña y te arrepientes de todo… Sé consciente de tu estado cuando están a punto de juzgarte.

A continuación, imagina que se abre la puerta de la sala y entra una persona. Déjate sorprender. Deja que sea tu inconsciente el que te la muestra. Cuando aparece, quizá ya la esperabas o no… Esa persona puede ser un familiar, tu padre, tu madre, tú misma en otro momento, un amigo, alguien conocido, alguien desconocido… Permitidle entrar como alguien que se va a sentar en el otro banquillo. Ese que te acusa, que te dice eso tan terrible que haces, que eres, que dices. Atiende a tu reacción cuando te sientes juzgada por otros. ¿Sientes más rabia, más tristeza, más vergüenza, más complejo…?

Algunas mujeres ven entrar a la persona que les dijo «No vas a poder ser madre, no te quedarás embarazada, eres mayor, no tienes posibilidades…». ¿Es tu caso? Mira quién te sentenció… Fuese quien fuese, si te lo creíste, no es por él o por ella, sino por ti, porque tiempo atrás concediste ese poder, esa credibilidad a ciegas.

Deja que tu inconsciente vaya conectando con muchas otras veces que se ha sentido así (juzgado, avergonzado…) y que paralelamente se vaya abriendo la puerta de esa sala y entren otras personas y se sienten en el banquillo que te acusa. Quizás de alguna ni te acordabas, ni de algunas situaciones.

Ahora que tu inconsciente ha pulsado la tecla de buscar, dale la oportunidad de que te muestre momentos que tal vez habías olvidado, instantes que no sabes si son muy reales o no, imágenes, palabras…, a través de ese símbolo que has dibujado y que tienes enfrente. Permítete revivirlos, aunque no sean agradables, con unos años menos, en tu adolescencia, en tu niñez… Deja que aparezcan como el que trae pruebas a un juicio, el que trae testigos, el que trae argumentos. Habrá algunas representaciones que surgirán muy claras, muy vívidas, muy intensas… donde te has sentido muy juzgada y muy avergonzada.

Permite que vayan saliendo más momentos, incluso algunos muy lejanos. Tal vez encuentres alguno de muy jovencita, de muy chiquitita, que encuentres a la niña, al bebé que juzgaban o que le decían…

De entre todos ellos, habrá uno que sea especialmente intenso y antiguo, como si pudieras identificarlo como el primero en que te sentiste juzgada y no necesitases saber si realmente lo es. Deja que venga. Tu inconsciente lo considera el más representativo; por tanto, vas a trabajar con él ahora.

En primer lugar, reflexiona sobre el mensaje que piensas o te dices: «Soy tonta, no valgo», «No sé hacer bien esto o lo otro », «Soy menos que Fulanita»… Quédate bien con esa frase y conviértela en un titular. Cuando lo tengas claro, guárdalo, repítetelo y escríbelo en un cartel imaginario. A continuación, dile a esa niña, a esa joven, a la que está ahí en el momento original, que eso tiene valor de juicio solo porque ella le da credibilidad. Y es normal. A veces, cuando somos pequeños o muy jóvenes, creemos a otras personas —a los adultos, a los padres, a los profesores— simplemente porque son referentes para nosotros.

Observa qué pasa si pudiera entrar un juez a la sala, sentarse allí, delante de ti, delante de todos los que te han juzgado, y te dijera: «Esto no es verdad, solo ha sido verdad para ti porque le has dado credibilidad». Y dictará otra sentencia muy distinta y favorable para ti. No significa que te la creas, ni que sea real, pero es la que te gustaría oír. Si la original es «¡Qué tonta soy!», imagina que ese juez dictamina: «A partir de hoy, no eres tonta; eres inteligente, lista, despierta, intuitiva…». Ese nuevo mensaje, ese nuevo titular, es el mejor. Y no necesitas creértelo, sino solo verlo y exclamar «¡Guauuuu!». Porque a los jueces se les da mucha credibilidad; ellos sentencian, seamos niños o adultos.

Poco a poco, a tu ritmo, te vas a levantar del banquillo y vas a abandonar la sala. Cuando salgas, haz lo siguiente: en un papel, escribe en grande eso tan terrible por lo que se te juzgaba, eso tan terrible a lo que habías dado credibilidad, eso que pensabas, que te decías, ese juicio, esa sentencia; en otro, escribe ese nuevo pensamiento, esa nueva idea, ese nuevo «juicio» completamente opuesto.

Ahora tienes dos hojas, cada una con una frase, con un mensaje.

Coge el primer papel, el que contiene el mensaje terrible de cuando te sientes juzgada; ponte de pie y muéstralo. Cuando en algún momento de nuestra vida nos han juzgado y nos lo hemos creído hasta el punto de sentirnos de ese modo, almacenamos ese juicio en nuestra estructura y, aunque invisible, se lo transmitimos a los demás.

Compruébalo: con tu mensaje negativo a cuestas, que es el que llevas todos los días de manera inconsciente, observa lo que ocurre en tu día a día (al ir al trabajo o en casa; al ver a los amigos, al vecino, a alguien desconocido...; con un familiar, con vuestra pareja, con quien sea...). ¿Es coherente ese papel con tu vida? ¿Cómo reacciona la gente al verlo? ¿Qué sucede en ti cuando te das cuenta de que tienes ese juicio instalado y lo proyectas?

Ponte ese supermensaje encima de la cabeza como un cartel; que no te dé vergüenza: lo llevas a diario y todo el mundo lo sabe, por más que intentes ocultarlo a través de algún mecanismo engañoso. Insisto: lo saben todos y solo pueden reaccionar a eso. No es culpa de ellos, es lo que hacen cuando ven el mensaje inconscientemente.

Tampoco es culpa tuya, pues no se trata de una decisión que tomases conscientemente, sino porque hace muchísimos años —es probable que no te acuerdes— alguien grabó ese mensaje. Y lo grabó porque le diste credibilidad: tu papá, tu mamá, tu primer novio, tu amiga, tu vecina, tu abuela, el cura, el médico, el profe...

Fíjate en la cantidad de tiempo que llevas con ese pensamiento, con esa idea, con ese mensaje... Y calcula cuánto tiempo hace que un montón de gente de fuera tiene que reaccionar a eso.

Para que seas un poco más consciente de lo que eso significa, ve a dar una vuelta por ahí, de manera real o imaginaria, leyendo el cartel de los demás y sin hablar. Analiza tu reacción y sé sincera. No hace falta que hagas nada, solo que te muevas por la sala y puedas ver tu reacción: qué te apetece decir, cómo quieres comportarte ante alguien que lleva ese mensaje, ese cartel. Cuál sería tu reacción en la vida.

Después, reflexiona durante un minuto o dos, solamente como adulta, a día de hoy, y advierte lo que ocurre cuando eres consciente también del cartel de los demás y del mensaje que se instala con cada juicio. Puedes hacerlo sentada, de pie o moviéndote. Mira qué se despierta en ti, qué pasa, qué sientes, qué piensas. Y repara en el impacto que ha causado en ti a lo largo de los años.

Hecho esto, deja el papel en tu sitio y, si no lo has escrito ya, procede ahora a redactar el nuevo mensaje que te había dado el juez, completamente opuesto al anterior. No es necesario que te lo creas, pero sí muy importante que lo experimentes.

Yo lo he podido comprobar varias veces conmigo misma y con muchas otras mujeres a las que ayudo y que me han contado su experiencia tras realizar estos ejercicios.

En el caso práctico en el que estamos buscando un hijo, a veces nos encontramos con una persona que asegura que no vamos a conseguirlo, que probemos no sé qué, que nos va a resultar muy difícil o que ni lo intentemos.

Si eso ocurre, ¡alerta! Recuerda que el mundo es un espejo y que la persona que sentencia de esta manera responde al cartel inconsciente que tú llevas de… «quizá, no soy capaz…, no lo consigo, me es imposible por mí misma, yo no valgo…».

Si tú cambias el mensaje, el espejo que te encuentras enfrente puede ser distinto. De hecho, muchas mujeres me han contado que después de realizar este ejercicio esa misma persona de repente les ha dicho que es posible algo que antes no lo era. El universo abre posibilidades ante ti cuando tú las abres en tu interior, en tu inconsciente, en tus creencias, en tu orgullo y en la confianza de tu capacidad creadora.

3.5. Cambio de jugador

Sigamos avanzando. Te propongo practicar un juego muy sencillo[3] con esos dos papeles que contienen mensajes tan opuestos.

¿Has visto lo que ocurre cuando cambian a un jugador en un partido de fútbol? El que sale y el que entra lo hacen mientras les aplauden. Tú vas a ser ambos. Coge el cartel del juicio malo y sal del campo con él en la cabeza, dirígete al banquillo y quédate ahí, porque no te volverán a sacar. Después, coge el cartel nuevo e incorpórate al partido, al calor de la ovación del público. A partir de hoy, vas a llevar siempre contigo este último.

Observa qué ocurre en tu día a día, cómo reaccionan tu familia, tus compañeros de trabajo, tu pareja… Fíjate en posibles cambios que se produzcan, reflexiona y escribe acerca de la manera como este nuevo mensaje puede repercutir en tu vida. ¿Qué pasa cuando les dices a los que te rodean: «Soy muy lista, soy muy inteligente, soy muy bella, soy muy buena en esto o aquello…»?

Y aún voy más allá: pregúntate y analiza qué le aportas al otro cuando te muestras en clave positiva. ¿Qué sienten los demás cuando te ven así? Imagina que estás en una reunión familiar, en un curso, entre amigos…, diciéndote a ti misma, en tu interior, lo mucho que vales. Una situación en la que eres consciente de que has salido al terreno de juego. ¿Cómo se comportan los otros jugadores?

Traslada esa situación al mundo en general y toma nota de lo que sientes cuando eres capaz de jugar con la camiseta de la autoestima. Tómate tu tiempo. Te acabarás dando cuenta de que todo va a cambiar precisamente porque tú has instalado un nuevo mensaje. Y la gente va a reaccionar a eso.

---

3 Puedes hacer el ejercicio guiado completo en el curso online «Recupera tu poder creador». https://www.patriciabartolome.com/lasleyesdelafertilidad

Te recomiendo que este ejercicio lo hagas solo una vez y que lleves el cartel durante una semana. Pero si transcurrido un mes, un año o el plazo que sea quieres repetirlo, no lo dudes: siéntate en el banquillo siempre que lo creas necesario, pues es probable que te sientas juzgada en más ocasiones, y además, seguramente son muchos los programas que tienes instalados y que conviene desactivar.

Recuerda que esa información está ahí porque es la que has recibido de tus padres, tus amistades, tus novios…, de referentes a los que tú les concediste credibilidad, tú misma les otorgaste el poder de estar en posesión de la verdad. El inconsciente te traerá todos esos mensajes al juzgado, así como situaciones y momentos significativos, y dejará entrar al juez para que dicte una nueva sentencia que haga firme lo mejor de ti. Será entonces cuando comience a notarse el giro de 180 grados.

Empezará a crecer esa lista de cosas positivas que podrás decir y mostrar claramente sin que debas avergonzarte de ello. Prueba simplemente a partir de ahora a decir gracias sin falsa humildad, sin reparo, con orgullo, con una sonrisa, con satisfacción, con agradecimiento verdadero.

¿Te acuerdas de lo importante que es mantener el estado emocional de agradecimiento? Te lo cuento en *Las leyes de la fertilidad.* Haz memoria.

¡Quiérete! Vives lo que vives porque eres una mujer valiosa y con posibilidad de creación!

¡ENHORABUENA! Has dado un gran paso.

3.6. La mejor versión de ti

Ya estás preparada para construir una nueva y mejorada versión de ti misma con el nuevo cartel que has creado en este capítulo. Al dejar de avergonzarte, vas a permitir mostrar lo positivo y también lo negativo (que está ahí para que se vea, para mejorarlo, para aceptarlo, para cambiarlo, no para juzgarlo).

Puedes retomar la última imagen, la última mejor versión de ti misma si la recuerdas al menos vagamente. Deja que se haga, y si es distinta no importa, vale igualmente. Pero estaría bien partir de algo de la anterior o ver qué es lo que ha cambiado con respecto a la anterior. ¡Disfruta del proceso!

Emplea unos minutos jugando a modificarla de nuevo, creando la MEJOR VERSIÓN DE TI MISMA.

Te puedes ver como te apetezca, hacer los cambios que quieras, sobre todo ahora que eres capaz de aceptarte, de decirte sí, de decir no, de juzgarte menos, de llevar un cartel que habla de ti con algo nuevo, de mostrar lo positivo y lo negativo, de admitir la alabanza porque ya no te avergüenza.

Recuerda que dispones de todas las herramientas, de todos los superpoderes, de todos los programas de edición… Eres escultora, pintora, creativa. Con esas herramientas que conoces e incluso con las que no conoces o crees que son imposibles, elimina todo aquello que no quieres, que no te gusta. Elimina los términos y las frases negativas. Mira qué pasa cuando creas la mejor versión de ti hablándote bien, diciéndote palabras bellísimas, escuchándolas y agradeciéndolas. Deja que eso tenga efecto en la imagen. Observa qué cambios ocurren cuando te dices sí, cuando pones frente a ti un cartel que dice sí, cuando el sí mira hacia ti. Se ve cómo cambia el gesto, el cuerpo, la vestimenta. Deja que se haga, pero tú también puedes hacer, intervenir, cambiar. Es la imaginación, ahí no hay límites.

Construye la mejor versión de ti sin límites. Y deja que la imagen de esa versión gane en detalle, en color. Como si pudieras ir perfilando un cuadro o retocando una foto. Para que cuando lo veas te encante. No significa que sea real, ni que te la creas, ni que sea posible. Puedes crearla como quieras. CREA LA MEJOR VERSIÓN DE TI.

Cuando la tengas, hazle una foto, enmárcala y quédatela desde hoy, unos cuantos días, contemplándola, disfrutándola, repitiéndola, volviéndola a retocar, intentando mejorarla a diario (los gestos, las sensaciones, las palabras…). De este modo, cada vez tendrás una mejor versión de la mejor versión de ti misma.
Poco a poco, abre los ojos, a tu ritmo, y recrea la imagen todo lo posible en esta semana. ¿Ha cambiado algo con respecto a la de la semana anterior? ¿Has podido hacer nuevos retoques? ¿Has conseguido mejorarla? ¿Has visto algo mejor?

Recuerda que no hay límites, que tienes cualquier herramienta. Retócala como necesites. Te irá costando menos porque habrá una estructura en tu inconsciente que ya no podrá verse como ahí. Y cuando pongas esto en práctica en los próximos días, la siguiente aún será mejor.
La puedes poner en el salón o llevarla en la cartera. Mírala varias veces al día, pues es la mejor versión de ti. Seguramente te provoque sensaciones agradables.

Si quieres centrarte totalmente en esa creación imaginaria escuchando el audio guiado, puedes acceder al curso *online* «Recupera tu poder creador».
No olvides sentirte orgullosa de lo que eres, de lo que haces, de lo que tienes, de lo positivo y de lo que no lo es tanto, y también de vivir lo que te está pasando, lo estás haciendo bien, lo que estás aprendiendo. ¡Estás creciendo y aprovechando la dificultad que te ha puesto la vida para convertirte en una mujer de 10!

¡Me siento orgullosa de ti, de tenerte aquí leyendo!

Haz una imagen de ti ahora, la que sea.
¿Cómo te ves?
Cuando la tengas bien creada, con todo detalle, empieza
a ELIMINAR lo negativo, cámbialo a tu gusto, sin límites,
mejorando la imagen física, las habilidades, los puntos
fuertes...
Haz cambios supermotivadores, vuélvete LOCA.
Ve cambiando y haciendo ajustes hasta que sea la mejor
obra de tu vida.

LA MEJOR VERSIÓN DE TI MISMA

¡ACEPTANDO Y CRECIENDO!
**¡DICIÉNDOTE SÍ, HABLÁNDOTE BIEN, CON
RESPETO, SIN JUICIO, SIN VERGÜENZA NI
FALSA HUMILDAD!**

¿Cómo te sientes?

Espero que no sigas leyendo por leer, solo por saber, porque no se trata de que compitas en un maratón de lectura, sino de que practiques los ejercicios. Te recomiendo dedicar al menos una semana a cada capítulo, por eso en el curso *online* realizamos una clase semanal, para integrar con la experiencia. Y al final de la semana, comenzamos con las reflexiones y las dudas.

Por tanto, este es el momento para que reflexiones sobre lo que ha pasado hasta ahora.

¿Qué tal después del cambio de mensaje que transmites y con el nuevo cartel?

¿Alguna respuesta nueva?

Haz un repaso, porque cuando pensamos tomamos conciencia.

¿Qué ha pasado? ¿Qué ha cambiado? ¿Qué podrías decir que ha mejorado?

A veces no podemos explicarlo bien con palabras, pero algo ha cambiado.

¿Qué has sentido cuando has activado ese nuevo cartel? ¿En qué situaciones no te avergüenzas? ¿Qué ves en el espejo de enfrente? Es verdad que a veces no sabemos ni cómo expresar los grandes cambios, pasan y punto. De hecho, el cambio más importante llega cuando ni siquiera recordamos cómo era antes. Si en algún momento te ocurre eso, no pasa nada; el cambio profundo te muestra nuevos resultados, pero no puede percibir el pasado de la misma manera.

Te habrás dado cuenta de que la vergüenza es una de las emociones más destructoras de la autoestima y el poder creador. Avergonzarse hace que rechacemos nuestra identidad, lo que hemos hecho, dicho, pensado; en definitiva, lo que somos.

La vergüenza destruye el amor hacia ti, así como la relación y el contacto sano contigo misma.

Sentirte orgullosa, aceptando sin culpa ser quien eres y vivir lo que estás viviendo, es directamente proporcional a tu capacidad de creación, al aumento de tu potencial y a tu autoestima.

Entre la vergüenza y la culpa, que como veremos son diferentes, media el juicio, el carcelero que tiene la llave de nuestra libertad y nuestro poder.

<u>La vergüenza solo sirve para perder oportunidades.</u>

CAPÍTULO 4

COMPRENSIÓN, LIBERTAD Y JUICIO

Comprensión, libertad y juicio

Instante práctico: Aquí y Ahora

Respira profundo, cierra los ojos si es posible, vuelve la mirada hacia tu interior, percibe las sensaciones y la vida que hay dentro de ti, no fuera. Al prestar atención a esto, ya está más presente y más en contacto contigo misma, ya lo has conseguido.

Ahora conecta contigo y con este instante al cien por cien, porque a lo mejor hay una parte de ti que no está aquí, sino en el pasado o en el futuro. Para ello, respira profundamente por la nariz o por la boca, como mínimo tres veces. Cada vez que inhalas te traes todas y cada una de tus partes al momento presente, así como tus pensamientos, a todos tus seres, todas tus capas y todos tus yoes, sintiendo que progresivamente estás más conectada con el aquí y el ahora. Y cada vez que expulsas aire, dejas ir, sueltas, abres un paréntesis, abandonas cualquier cosa que has dejado fuera de este instante en el que estás leyendo y practicando para ti.

Cuando trabajes contigo misma, acostúmbrate a apartar todo lo que hay ahí (problemas, no problemas, la risa, lo bueno, lo malo, el tráfico, el trabajo, el ruido…). Solo al conectar con la respiración podrás empezar a sentirse físicamente, con el hecho de respirar y sentir el aire que entra, que se aposenta, que se instala en sí mismo y se llena de sí mismo. Es ese instante aquí y ahora en el que se crea la magia de dedicarte a ti exclusivamente donde existe la posibilidad de reconectar y desarrollar esta gran capacidad de crear que tienes y que en el algún momento has ido perdiendo, olvidando, desconectando.

Procura buscar este instante muchas veces al día, haz que forme parte de tu vida.

4.1. La frase

Como en cada capítulo, comenzamos con una frase.

> **«EL UNIVERSO PUEDE AYUDARNOS A ARREGLAR AL SER, SI LE DAMOS TODOS LOS PEDAZOS».**

¿Qué es lo primero que surge? ¿Qué ocurre? ¿Qué dice tu interior? ¿Qué hace tu cuerpo?
¿Y tu mente qué piensa? ¿Cuál es la emoción?

Analiza el impacto que te provoca: si es agradable, si es desagradable, si hay alguna parte de ti que reacciona. No se trata de pensar. Es importante que te lo repitas.

A veces, somos como un jarrón que se ha roto, y entonces hay que coger cada pedacito para pegarlo y repararlo. Y sí, es laborioso, sobre todo cuando alguna pieza está un poco desconchada y te lleva más tiempo recomponerla… Pero desde luego, si no tenemos todos los trozos, no lo podemos reconstruir. Eso es lo primero en lo que debemos enfocarnos.

Hay una técnica llamada *kintsugi* que consiste en reparar objetos rotos, enalteciendo la zona dañada. Las grietas se rellenan con un adhesivo fuerte y luego se esparce por encima polvo de oro. Creen que cuando algo ha sufrido un daño y tiene una historia se vuelve más hermoso. Con este trabajo, el resultado es que no solo queda reparado, sino que es aún más fuerte que el original.

Y lejos de ocultar los defectos, las mellas y hendiduras, estos se acentúan y celebran, ya que ahora se han convertido en la parte más fuerte y bella de la pieza, lo que le da sentido y la hace única.

4.2. Tus trocitos

Retoma las dos listas que elaboraste en el capítulo anterior: la de aquellos aspectos de los que te avergüenzas pero son positivos, y la de aquellos que juzgas negativos y no quieres que se vean. Corta cada uno de los elementos de ambas listas de forma que queden en papelitos sueltos. Si tienes muchos, identifícalos con siglas o palabras clave.

Puede que ya hayas pensado y dicho mil veces que siempre te estás juzgando o recriminando, que siempre te rechazas. También es posible que no te hayas dado cuenta de que lo haces, o lo ves en el otro: «Este siempre está hablando y no escucha; habla mal, juzga y critica…».

Te animo a que tú misma te hagas esta pregunta: «¿Y yo escucho, me escucho, me critico?...».

A partir de ahí descubrirás otras cosas, positivas y negativas, que no eres capaz de aceptar. Cosas que juzgas, que te avergüenzan o por las que te sientes juzgada.

Con esto quiero que te des cuenta y recopiles todos tus trocitos, los del «jarrón roto», los que te gustan y los que no, los que calificas como negativos o malos y los positivos o buenos, porque eso no es más que un juicio de valor. Solo cuando conseguimos reunir todas las partes podemos proceder a su reparación.

Estoy segura de que el simple hecho de tener todos los trocitos de ti, en papelitos delante de ti, te va a despertar sentimientos y emociones.

4.3. Ejercicio «La caricia»

Selecciona uno de los trocitos de papel de los que consideraste negativos, el primero que te surja o el que peor te haga sentir, el que más te haga sentirte juzgada (por ti o por otros). Escoge aquello que no soportarías que nadie viera, criticase o juzgase de ti, aquello de lo que te avergüenzas terriblemente, en lo negativo. Coge un papel al azar o a conciencia. De momento, uno; luego esto mismo lo puedes hacer con los demás. Pero de uno en uno.

Cuando ya los tengas, harás un montoncito con todos ellos: los positivos y los negativos.

Pero por ahora estamos con el papelito negativo que has elegido como ejemplo. Vuelve a él y ponte en contacto con un momento concreto en el que te hayas podido ver expuesta a esa vergüenza, juzgada por esa imagen, por ese comportamiento, por esa situación, por ese defecto. Sitúate en ese instante en que te has sentido así.

Asegúrate de que te encuentras en una determinada situación que sea representativa, en que hayas vivido lo que indica ese papel. Y entonces, déjate llevar a un sitio, a una parte de ti que no es mental. Puede ser uno al que hayas llegado otras veces o también uno nuevo. Revive esa situación, recréala para que todo tu ser la pueda sentir, no solo pensar.

Retorna a esa vivencia, entra y mira qué se oye, qué se dice, si hay silencio. Mira qué sientes, qué piensas, qué ocurre, a quién ves, qué colores hay, todo lo que suceda ahí. Esto es lo que te va a permitir integrarte en la situación, volver a experimentarla y resentirla. Cuando lo hayas hecho, fíjate en la parte de tu cuerpo que responde.

De este modo, tu atención se centra en dos espacios al mismo tiempo. Por un lado, en el lugar imaginario que estás recreando, reviviendo, visualizando, oyendo, sintiendo, oliendo…, donde se pone en evidencia esa parte de ti que quieres ocultar, eso que juzgas de ti, eso que te avergüenza. Por otro, en la parte de tu cuerpo que reacciona. Siempre hay una: la piel; la musculatura (si sientes tensión, rigidez); el estómago o el pecho (suelen resentirse mucho); la cabeza; o alguna zona que no identificas con un órgano o con algo concreto pero sí lo puedes localizar como una sensación.

En cuanto percibas esa sensación física, aunque sea leve, aunque no esté superlocalizada… simplemente pon tus manos en la zona como si pudieras cogerla y tocarla. Como el que agarra algo entre sus manos, pero con cuidado, como si se tratase de un bebé que tiene ese defecto Como si pudieras respirar profundamente y decirle al pequeño niño que representa esa parte: «¡Tranquilo! Has hecho lo que has podido, eso le pasa a mucha gente, no te preocupes, todos tenemos cosas que nos gustan menos, pero son parte de nosotros…». Y acarícialo.

Una caricia y un abrazo lo cambian todo. Con una caricia, es posible decir muchas cosas: se puede tranquilizar, apoyar, comprender, reconocer, empatizar… Por eso, acaricia lo que ahora tienes entre tus manos, esa parte de tu cuerpo que ha experimentado una sensación. Como si ahí hubiera algo que puedes ver, tocar, sentir y acariciar. Lo estás haciendo bien si simplemente te dejas sentir. Mira qué cambia cuando eres capaz de mirarlo, aceptarlo, sentirlo y ACARICIARLO.

Sé consciente de qué cambia ahora mismo en ti, de lo que ocurre cuando sientes en tu cuerpo esa parte que rechazas, que niegas, que te avergüenza, que juzgas. Cuando la ves, la aceptas, la sientes y la acaricias. Seguro que algo se calma y baja de intensidad. Y seguro que algo nuevo se pone de manifiesto, la cara opuesta, porque cuando hay algo que rechazamos, a lo que nos oponemos, de lo que nos avergonzamos, no nos damos cuenta de que precisamente gracias a eso accedemos a la cara opuesta.

De manera que si yo me juzgo o me avergüenzo porque un día he sido muy egoísta es porque al darle la vuelta a esa cara, está mi faceta generosa. No habría un lado sin el otro. Paradójicamente, eso tan terrible solo te va a mostrar tu otra cara.

¿Qué pasa si simplemente lo puedes ver, aceptar, sentir, acariciar, saber que tiene otra cara y lo puedes mirar sin juzgar?

Con ese proceso que se va desarrollando en el interior, observa qué ha cambiado desde que has comenzado a hacer el ejercicio hasta ahora.

Date cuenta de que ha sido metafórico, una proyección, un símbolo, y de que ha cambiado.

¿Qué sucede cuando acaricias lo que antes habías rechazado? ¿Qué pasa cuando realmente lo observas, revives situaciones concretas en las que te has sentido así o sale a la luz lo que te avergüenza o lo que juzgas? Escríbelo para materializar el cambio. Normalmente, son conceptos que están en nuestra mente.

Subestimamos las herramientas sencillas que hay a nuestra disposición, te lo dije al principio, porque nos han educado así. Por ejemplo: si te dijera que tienes que realizar una tarea determinada en los próximos tres meses, durante ocho horas diarias, no dudarías de su efectividad por ser larga, tediosa y complicada. Pero si te propongo que hagas algo como lo descrito, te preguntas: «¿Ya?».

De esa forma nos han amueblado la mente, y en consecuencia, la vida nos resulta muy difícil. Pero las cosas realmente efectivas son mucho más fáciles, porque en nuestro inconsciente las cosas son fáciles. Si vas a resolver algún asunto y se complica, siempre es la mente consciente la que está interviniendo.

A continuación, con todos los trocitos que has juntado, lleva a la práctica este sencillo ejercicio:

- Escribe esos rasgos negativos. Es importante plasmarlos en un papel.
- Ponte en contacto con una situación concreta en la que te hayas sentido así: rechazada, avergonzada, juzgada…
- Revívela… que no es lo mismo que recordarla. La diferencia entre *recordar* y *revivir* es que, en el primer caso, guardamos algo en la memoria; en el segundo, nos ponemos en situación con los cinco sentidos, lo cual nos permite instalarnos allí, mirar, ver, sentir y resentir. Y cuando resentimos podemos vivir también emociones y sensaciones físicas.
- Experimenta esa sensación física o esa emoción, si surge, tratando de encontrar dónde se ubica en el cuerpo; siempre se siente en algún lugar. Cógela entre tus manos imaginariamente o físicamente si tienes la oportunidad.
- Acaricia tus sensaciones y emociones igual que lo harías con un bebé en el que has visto eso tan malo. Dile: «Tranquilo, le pasa a mucha gente. Puedes aprender de ello y encontrar una solución. Te comprendo». El simple hecho de acariciarlo y de darle vuestro apoyo, comprensión y cariño, logrará que se diluyan la vergüenza y la culpa.
- Ello contribuirá a que disminuya la intensidad de la terrible enfermedad que padecemos, que es el juicio.
- Además, te permitirá reparar en que siempre hay otra cara. Podemos ver una porque existe la otra.

4.4. La sombra y la luz

Seguramente habrás oído en numerosas ocasiones que las personas tenemos una sombra (el lado oscuro) y una luz. ¿Cuál es el problema? Que no podemos brillar, que no podemos sacar la luz, porque llevamos tanto tiempo escondiendo la sombra que se ha escondido todo. Si te das cuenta, donde hay luz se producen sombras; es el efecto en sí mismo provocado por la luz. Si rechazas las sombras, tienes que apagarte. Cuando no quieres que nadie te juzgue, ¿qué hará entonces? Esconderse. Pero cuando hay una parte de ti que se esconde, irremediablemente se lleva otras partes, que necesitan salir a la luz para que despliegues tu potencial.

No somos conscientes de que, al ocultar nuestra sombra, ocultamos todo lo que nos hace brillar. Por eso es importante dejar que asome, junto a la luz, esa parte de los fallos, de los defectos, de los errores, de los días malos… Debemos permitirlo; de lo contrario, si encerramos las sombras en una cajita, estaremos encerrando también la luz.

En relación con esto, en *Las leyes de la fertilidad* hay una frase que me encanta; dice que «cuando uno cierra la ventana para que algo no salga, tampoco algo nuevo puedo entrar». Mucha gente asegura que está acostumbrada a dar, pero que le cuesta recibir. Es mentira; si uno abre la ventana para dar, está abierta para recibir. Este caso es el mismo: si has cerrado a tope para que no se vea la sombra, al mismo tiempo lo has cerrado para que salgan las mejores luces. ¡Incluso para que llegue y entre algo nuevo en ti! Y eso es justo lo que buscas: que algo nuevo llegue a ti, una nueva vida.

Abrir significa «descubrir lo que está oculto». Y saldrá toda la inmundicia; sí lo siento, a veces no es muy agradable, pero hay que verla para que pueda salir la otra parte. En esto consiste la verdadera autoestima. La oscuridad también tiene sus ventajas, sobre todo, que son el opuesto. No podría existir nada de lo que hoy juzgas como «bueno», si no existiera lo «malo». No es ni bueno ni malo, son contrarios. En este mundo material vivimos en dualidad. Y aunque en lo profundo lo que existe es la unidad, percibimos la realidad por los opuestos. Sabemos que uno es de una manera porque conoce a un ser opuesto o diferente.

¿Qué pasaría si pudieras vivir sin juzgar? Imagínate si consigues pasar así un día. No podrás mostrar lo mejor si no aceptas esa oscuridad. Es como en los bosques: a veces en las zonas sombrías es donde puede crecer cierta vegetación, o donde algunos animales pueden dormir sin abrasarse; y hay otra donde da el sol, la luz, la claridad. Pero por el juicio nos hemos creído que la parte luminosa es la parte buena, y la sombría, la mala.

Cada vez que hagas este ejercicio, abrirás la puerta a esas cosas tan terribles que tenías cerradas con candado, las acariciarás, las mirarás, las mostrarás… Y por la misma puerta saldrán otras cosas que también puedes aceptar, apreciar, que pueden ser, que puedan pasar… Porque siento decirte esto, pero sin querer nos bloqueamos nosotras solas, y es nuestra responsabilidad cambiarlo.

Lo más grande que puede pasar en la vida de una persona es no juzgarse y no juzgar.

Es imposible no juzgar al otro si nos estamos juzgando, y al revés. Si te descubres juzgando y criticando, haces lo mismo contigo en igual medida, te lo aseguro. El que está en el juicio, lo está para todo y para todos. Así que cuando veas a una persona que critica a todo el mundo, ¡pobrecilla!, porque el juicio al que se somete ella misma es mortal seguro. Esta es la peor enfermedad para una persona, porque te mete en un bucle interminable y no te deja descansar.

Fíjate en qué nivel de juicio te encuentras fuera. Cuando te escuches diciendo algo de los demás, toma conciencia de en qué momento lo aplicas contigo. Hazlo siempre que necesites.

Dispones de la herramienta. Puedes aplicar esta mentalidad, esta conciencia. No presenta contraindicaciones ni acarrea secuelas, pero sí unas consecuencias muy positivas. Dos veces al día, cinco, todos los días de la semana. Habrá una parte de ti que, sin quererlo, no tienes que cuestionarla, no puede actuar de otra forma más que acariciando tus cualidades positivas y negativas. Las acariciarás en ti y en el otro. Si lo haces en repetidas ocasiones, adquirirás el hábito.

Se vive muy feliz sin juicio. Y empiezas a entrar en contacto con tu poder real. Tus instantes de felicidad crecen sin cesar.

Practícalo cada vez que te des cuenta, juega a «pillarte» juzgando o criticando, sintiéndote criticada. Haz todos los papelitos que necesites, ponte en la situación, siente y acaricia lo que dices. Al principio te vas a pillar en un montón de ocasiones, pero un día no te acordarás de la última vez que te juzgaste.

El juicio nos provoca sentimientos dañinos frente a nuestro «público imaginario», siempre se relaciona con «la mirada del otro», con el desprecio real o supuesto que sentimos por ser diferentes, porque nos comparamos.

Para comenzar el cambio, acepta el juicio. Hasta ahora ha existido de una forma en tu vida; recuerda que cuando aceptamos, comienza la transformación. Al entender que se trata de un sentimiento invalidante e improductivo, y conocer hasta qué punto te limita en tu poder creador, te impulsará a buscar las razones y la fuerza necesaria para empezar a salir de ese hábito y de esa forma de pensar.

Tras la aceptación, pon en marcha el juego de «pillar» la vergüenza, la crítica y el juicio y actuar para hacerles frente. **Si te da vergüenza, hazlo, dilo, reconócelo, atrévete**.

Inicialmente, es probable que te resulte un reto imposible porque la vergüenza y el miedo te han paralizado durante demasiado tiempo; sin embargo, según empieces a actuar, comprobarás que estás en perfectas condiciones para afrontar el desafío.

Son muchas las mujeres que me confiesan que no se atreven a revelar nada del proceso por el que están pasando a sus familiares, amigos, compañeros de trabajo o incluso desconocidos, por vergüenza, por el qué dirán o qué pensarán, porque se sienten juzgadas, porque no quieren que nadie hable ni opine sobre ellas. Pero esto causa un daño mayor y una presión y un autojuicio difíciles de soportar.

Te aseguro que en cuanto dan el paso de actuar, de contar su caso con naturalidad, empiezan a escuchar con frecuencia frases como «y yo» o «a mí también me pasa»; entonces, se dan cuenta de que no hay nada que ocultar, y la sensación de libertad y de paz crece en su interior.

Hoy en día, miles de mujeres recurren a tratamientos de fertilidad, fecundaciones artificiales, ayudas, donaciones de óvulos, ¿y qué? ¿Qué hay de malo en ti por ello? NADA.

Lo único que hay es una MUJER, una DIOSA CREADORA por naturaleza, intentando conseguir algo para lo que la vida y su inconsciente han puesto obstáculos con una intención positiva, y que tienes que descubrir para avanzar, nada más.

La mujer de Obama publicó que sus dos hijas fueron concebidas mediante una fecundación *in vitro* y todos los problemas por los que pasaron para ser padres, ¿y qué? ¿Sabes realmente lo que ha ocurrido? Que se la admira aún más, porque es valiente contar la verdad, te hace única y más fuerte. Te permite conectar contigo misma sin juzgarte, concediéndote una caricia interior. Lo mereces.

4.5. El juicio y el tálamo

Hay una parte de nuestro cuerpo que está biológicamente conectada al juicio. Es el tálamo.

La función principal del tálamo consiste en integrar la información sensorial dirigida a la corteza cerebral. Transmite la mayoría de la información que recibe del exterior e integra diversas modalidades sensoriales y facilita o inhibe las **proyecciones** hacia nuestro interior.

El tálamo se encarga de realizar el filtro donde reside el «tú sí, tú no; tú bien, tú mal», discrimina, toma las decisiones de lo que es bueno y lo que es malo. Esto sucede de manera inconsciente y subjetiva, con todas las características de ese filtro, que lo hace según unos valores, unas experiencias, unas creencias...

Desempeña, por tanto, una función positiva, y de ti depende decidir conscientemente cambiar de filtro, en caso necesario, como en las cámaras: si pones el filtro sepia o azul, la imagen de fuera se verá de una manera u otra, pero está modificada por el filtro por el que pasa; lo mismo ocurre con la «realidad exterior» a nuestra percepción, que pasa por nuestro filtro personal.

Pero ¿cómo se gesta el juicio con qué finalidad?

En primer lugar, porque no te has parado a revisar ni a reflexionar sobre tus creencias: «Debo... (ser madre, tener un hijo antes de que me haga mayor», «Tengo que darle un hijo a...». Esas creencias, recuerda, son pensamientos que no pones en duda y que quizás te has autoimpuesto para ser feliz o contar con la aprobación de los demás y sentirte querida...

Pues precisamente lo que te hace sufrir es ese personaje que has creado o quieres crear para sentirte realmente aceptada en tu pareja, en tu familia, en tu círculo amistoso, en la sociedad, etc.

Hay mujeres que me dicen que la vecina, la amiga o la madre las juzga o las critica, que las miran como con pena, como si las considerasen incapaces o como recordándoles advertencias del tipo «de ya te dije que no iba a ser tan fácil, que no te hicieras ilusiones», o como sorprendidas e interrogantes («¡no me digas que te está costando quedarte embarazada?», «¿¡has tenido un aborto!?» o «¡así que te estás sometiendo a un tratamiento de reproducción asistida!»).

Si piensas esto es que sientes vergüenza por lo que te está ocurriendo, y tal vez hasta de estar leyendo este libro... Entonces, seguramente te sientes juzgada y criticada en muchos otros ámbitos de tu vida, porque todo pasa por el filtro de nuestros pensamientos inconscientes, y los niveles de autoestima y autoaceptación son los mismos para casi todo; si te fijas, tal como haces una cosa, las haces todas.

Es muy cansado vivir así, complaciendo a otros para recibir a cambio aprobación; requiere de mucha energía malgastada, que necesitas para alcanzar tu objetivo; es estresante y te desconecta de ti misma.

De lo que no te has dado cuenta es de que eres tú la que se siente juzgada al darle un sentido a esas palabras, a esa mirada, a esos gestos o a ese comportamiento que proceden del exterior.

Te voy a explicar algo que quizá todavía no entiendas, y es que el origen de tu sufrimiento reside en tu mente, nace de la interpretación que tu mente hace de lo que te está ocurriendo o le parece que te está ocurriendo. Y si te hace sufrir, esa interpretación es errónea.

Cualquier sentimiento que tienes de que te juzgan, cualquier emoción de sentirte juzgada son una proyección... Por lo general, cuando nos sentimos juzgados nos sentimos culpables, porque en el fondo creemos que algo en nosotros está mal, pero cada juicio es solo producto de una creencia, de un pensamiento que interpreta la supuesta realidad. Te pondré un ejemplo:

En mi experiencia profesional, he conocido a numerosas mujeres que se encuentran en un programa de reproducción asistida y lo ocultan por lo que les puedan decir o por lo que pensarán los demás.

Lo que deberían hacer es preguntarse qué es lo que ellas mismas están pensando cuando temen ser juzgadas, qué creencia hay detrás de esa cautela que adoptan para protegerse.

Hazlo: cuestiona tus creencias y tus interpretaciones; de ese modo podrás empezar a cambiar la manera como percibes la realidad.

Además, te aconsejo que revises el capítulo de la ley de la creación donde trabajábamos la identificación y el cambio de creencias de este tipo, que son las que hacen de filtro.

No te juzgues por ser así o por hacer lo que estás haciendo o por el resultado que obtienes, porque todo eso no es más que una situación concreta, una experiencia. Obsérvala desde la distancia, como si fueras un personaje en una obra de teatro y la peripecia le ocurriese al personaje, no a ti.

¿Qué diferencia aprecias cuando haces este ejercicio de abstracción? Mucha, ¿verdad? Se debe a que ya no puedes vivir la experiencia de la misma manera.

Al ser consciente de la proyección te darás cuenta de que el personaje en el que te has convertido vive sometido a su propia creencia de que esa es la única realidad. Pero ahora sabes que no eres tú esa mujer juzgada, sino solo lo que has creído que eres, y esto lo cambia todo, porque lo que crees puede cambiar; lo que somos, no.

Cada vez que te sientas juzgada, toma conciencia de cuánto te duele ese juicio, de lo que comienzas a pensar y a sentir por la persona de quien viene (rabia, odio, tristeza, etc.) y reconoce que tú también te juzgas a ti misma por idénticos motivos.

Siempre es así, por eso te duele, porque es el «eco» que otro te devuelve de lo que tú dices sin hablar. Si tú no tienes problema con algo, entonces lo que opinen los demás te da igual.

Y si das un paso más en tus pensamientos, verás que estás filtrando si te aceptan o no, si te reconocen o no, si te quieren o no... La respuesta la tienes tú y coincidirá con la que te das a ti misma: te aceptas en eso o no, te reconoces o no, te quieres o no, te comprendes o no...

Al final de todo este proceso, comprobarás que te sentías juzgada cuando realmente no era para tanto, o mejor dicho «no era», al menos en el exterior.

Observa una cosa... Tus juicios y tus críticas... ¿cómo son?

Porque si no quieres que hagan eso contigo, no lo hagas tú... Verás la de veces que te descubres juzgándote... Por eso te sientes así, porque no podemos sentir más que el reflejo de lo que somos. Y eso también te ayudará a comprender que los juicios de los demás sobre ti son únicamente un reflejo de la idea que tienen sobre ellos mismos, de lo que ellos mismos no se permiten, de lo que rechazan en ellos. Por eso, te recomiendo que en esos momentos en que te sientas juzgada o criticada, mires fijamente a los ojos a esa persona y pienses: «GRACIAS POR HABLARME TAN SINCERAMENTE DE TI».

Cuando te sientas así y creas saber lo que el otro piensa de ti, pregúntale abiertamente lo que opina; seguro que llegas a otra conclusión.

Además, aplica el ejercicio «2D-3D» de *Las leyes de la fertilidad,* a fin de observar con mayor objetividad las opiniones ajenas; verás como baja la intensidad de esa creencia o sensación.

Concédete la aceptación que buscas de los demás, aprobando tus pensamientos, emociones, gustos, acciones, movimientos, gestos y palabras, porque son tuyos y porque así lo eliges tú. Y hazlo de manera consciente, ¡pues eso te empodera!

En realidad, lo que todo el mundo busca y lo que nos hace felices es ser diferentes, únicos y auténticos, pero nos cuesta conseguirlo porque nos centramos en culpar o juzgar a los amigos, al desconocido, a los padres o a cualquiera que nos rodea. Y nos cuesta porque ellos, desde su ignorancia, sembraron esas creencias en nosotros.

Ellos también tenían una necesidad básica —como seres humanos rodeados de más seres humanos— de sentirse aceptados y amados por otros para sentirse seguros, pero si te das cuenta, tampoco lo tuvieron y no supieron hacerlo. Hemos aprendido que una manera fácil de evitar el conflicto o de ganarnos el cariño de los demás es a través de no molestar, de complacer, de ser aprobados… y cualquier cosa que no sea así nos produce una sensación de peligro e inseguridad. Pero esto es un aprendizaje, solo eso. Nos enseñaron —como a ellos antes, porque esto es una cadena— a PARECER en vez de a SER, a callar, a no sentir o no mostrar lo que sientes, a dejar de ser naturales y espontáneas, despreocupadas y divertidas; nos enseñaron a compararnos con los demás y llegar a la conclusión que nos tenemos que parecer para ser aceptadas.

Oigo muchas veces: «A mi madre, a mi hermana, a mi amiga… es que las tocan y ya se quedan embarazadas… ¿Y yo qué?». En el fondo, están diciendo «y yo por qué no soy como ellas; si no soy como ellas, soy peor», comparándose en algo sin sentido pero que les provoca un sufrimiento mayor.

Recuerda que sufres porque tu mente está en conflicto, no por lo que te está pasando. Aunque a veces no sepas cuál es el conflicto, sí puedes elegir y decidir ver lo que está ocurriendo de otra manera. Recuerda las declaraciones que realizabas en la ley de la elección de *Las leyes de la fertilidad:* «Decido y elijo cambiar mi percepción». Pero si una parte de tu mente no es capaz de aceptar otra perspectiva, entonces te aferrarás al sufrimiento y al victimismo, lo cual te impedirá, como veremos después, acceder a tu poder creador y a cualquier cambio de percepción.

¡Cuidado!, porque de un mal argumento e interpretación mental surge el peor resultado y sufrimiento emocional; esto es un tipo de maltrato psicológico que nos autoinfligimos y que repercute en nuestra salud física.

Esta es la verdadera causa de que nos sintamos juzgadas: que nosotras mismas nos maltratamos. Y para liberarnos de ese sentimiento tan terrible, buscamos una cabeza de turco sobre la que depositar la culpa.

Proyectamos en los demás lo que no somos capaces de ver en nosotras y convertimos el problema en una cadena interminable que funciona como el que se fuma un cigarrillo que calma una ansiedad inmediata pero no es más que la semilla sembrada para que se repita la misma ansiedad unos instantes después, y así sucesivamente.

Lo mismo sucede con cada uno de tus juicios o cuando te sientes juzgada: necesitas proyectar eso en los demás para liberarte de tu propia responsabilidad; te tranquilizas durante unos instantes hasta que se vuelve a crear esa angustia, ese vacío del que de nuevo necesitarás culpar al otro.

Fíjate: desde hace unas líneas no dejamos de hablar de culpa... Es un sentimiento devastador; lo abordaremos en profundidad en el siguiente capítulo.

Ahora, tras esta exposición acerca de cómo funcionan el juicio y la crítica, vamos a simbolizar este filtro dañino del juicio y las proyecciones en esa parte de tu biología que es el tálamo. Puede parecerte raro, no importa. Acepta hacer algo raro. A mí me gusta dirigir mensajes al inconsciente, que se produzcan cambios, aunque a veces no entendamos cómo pasó. En definitiva, lo que quieres es que pase, ¿no?

4.6. Ejercicio «Cartas al tálamo»

No es necesario que sepas cómo es el tálamo, ni dónde está ni cómo funciona. Lo que importa es que te conectes en una visualización intuitiva con él y que lo simbolices, lo imagines y lo plasmes en un dibujo. Ahí tendrás tu tálamo frente a ti.

Puede tener una forma real o simbólica, da igual, es tu tálamo, la parte de tu cuerpo que hace de filtro. Ponte en contacto. Cierra los ojos durante unos minutos y visualízalo.

El ejercicio es sencillo, aunque a veces resulte un poco largo. En el curso *online* «Recupera tu poder creador» lo tienes guiado, y es como el ejercicio de cartas al útero del libro **¿Por qué yo no?** (de la trilogía de Las Leyes de la Fertilidad).

Busca dos espacios. Sitúate en uno de ellos con el dibujo que has hecho de tu tálamo. A continuación, ubica el dibujo en el otro espacio. Lo puedes poner en el suelo, en una mesita, sentado en una silla, etc. Ese va a ser el espacio de tu tálamo. Como si hubiera una información que está en ti, que has simbolizado y que vas a colocar en un lugar fuera de ti de manera simbólica. Después, busca un tercer espacio para el resto de tu ser, de tu cuerpo, de tu persona.

Entonces, vais a enviaros cartas. Es necesario que hagas el ejercicio; de lo contrario, no sabrás de qué hablo.

En tu sitio, tendrás a tu disposición unas hojitas y un boli. Y en el lugar del tálamo habrá otras hojitas con un boli. Es un ejercicio completamente inconsciente, así que aparca tu cabeza. Observa lo que sientes cuando miras el tálamo, cuando lo ves, cuando tomas conciencia de esa parte dibujada que hace las veces de tu tálamo, que hace de filtro en tu vida, que dice «sí, no; esto vale, esto no; esto bueno, esto malo…». Con lo que sientas, le vas a escribir una carta: «Querido tálamo…».

Cuando acabes, se la envías. Deja a tu cuerpo en tu espacio y desplaza una parte de tu ser al espacio del tálamo, a ver qué siente ahí, qué pasa cuando se conecta con la información del tálamo. Solo y exclusivamente del tálamo. Puede que te sientas triste, curiosa, etc. Comprueba qué pasa en este espacio que contiene información de esa parte de ti, esa que juzga, esa que te juzga. Es el inconsciente de esa parte concreta. Cuando llegues aquí y veas lo que sientes, coge la carta, léela desde la posición del tálamo y responde. Cuando haya acabado el tálamo, la envías.

Cierra el tálamo, su información y regresa a tu posición para leer lo que te ha escrito. Atiende a lo que pasa en ti. Tienes derecho a todo: a enfadarte, a llorar, a reír, a gritar, a insultar… lo que surja. Permite dar rienda suelta a tus palabras, expresiones y emociones.

Este intercambio será como el de dos personas que se cartean para expresar lo que cada una siente como respuesta a la de la otra. Tal vez descubras una función positiva de ese juicio: algo que no sabías por qué lo hacía, cuál es su intención, cuál es su respuesta, su sensación, su origen… déjate sorprender. Así, hasta que haya un entendimiento, una comprensión de la postura de cada una, y sobre todo, de por qué el tálamo funciona así, por qué ha hecho ese filtro, por qué ha emitido ese juicio, al nivel que sea, por qué y para qué te juzga.

Van a aflorar un montón de cosas que estaban en el inconsciente, además de que vas a averiguar una intención positiva que hasta ahora no conocías, y eso provocará un cambio más. Es uno de los ejercicios más profundos que hay en el curso. Sé que a veces cuesta procesarlo, porque además es poco racional. Tómate tu tiempo.

No se trata de que mantengas una conversación con él, sino de que te pongas a la escucha. Es como si quedas con una amiga que tiene un problema y decides no ir porque antes quieres asegurarte de lo que le vas a decir. No. Simplemente vas y la escuchas; a lo mejor es lo único que necesita…

El tálamo es una parte de tu ser, que es mucho más que tu cuerpo, a nivel espiritual, de creencias, de pensamientos, de experiencias, de vivencias, etc. Hace de filtro pero no para fastidiarte la vida, ni es un ente independiente que ha venido a incordiarte; es un aprendizaje y una solución. Pero llega un momento en que no sabemos por qué el otro hace eso y por qué nosotros juzgamos o nos juzgamos. La clave está en ponernos a la escucha el uno del otro.

Realmente el ejercicio es mucho más fácil de lo que parece. Es muy importante realizarlo en dos espacios diferentes, elegidos a conciencia. Y no hay que suponer nada ni saber nada con antelación; todo lo contrario: hay que ponerse a la escucha. Esto es lo más fácil y lo más difícil. No estamos acostumbrados a ponernos a la escucha. Vamos a ver a alguien para ver cómo está y antes de que nos cuente, contamos nosotros; nos vamos y no le hemos escuchado, porque ya sabíamos lo que le pasaba, lo que pensaba y lo que necesitaba… Es muy difícil encontrar a una persona que se mantiene diez minutos callada y se limita a escuchar. Si eso sucede, le preguntamos: «¿Qué pasa? ¿No me estás escuchando o qué? Porque no hablas…». No sabemos escuchar. Esa es realmente la gran dificultad.

La otra dificultad es que no nos creemos nuestro poder, por eso estás leyendo este libro. Pero no te hace falta nadie para entablar un diálogo entre cualquier parte de tu cuerpo y tú. Entre las dos tenéis el cien por cien de la información que necesitáis.

Llega un momento en que se alcanza una calma porque se ha logrado un entendimiento. A veces se queda en tablas, para poder procesar y reavivar. Pero si el ejercicio se empieza a complicar, es tu mente la que interviene. En el inconsciente, las cosas son supersencillas.

En otras ocasiones, se llega al pacto y, transcurrido un tiempo, parece que no nos ha servido para nada y que no nos ha solucionado un asunto porque estamos mal en otro diferente. Vamos a revisar el problema inicial, porque a lo mejor este ya no existe.

Para ello, reconcíliate con el tálamo, pacta un acuerdo y descubre su intención positiva: el porqué está instalado en ese filtro, en ese juicio… y de qué otra manera puedes satisfacer esa necesidad.

Cuando acabes, guarda la carta de reconciliación, la última. Las demás las puedes tirar. Y conserva un papelito donde escribas esa intención positiva del tálamo.

Espera a que pasen unos días y observa…

4.7. La mejor versión de ti

Y ahora, para dar un paso más… trae esa última imagen de la mejor versión de ti misma. Vas a renovarla añadiendo esa caricia a todas las partes fragmentadas de ti, que se pueden empezar a recomponer, a unir, para formar todo tu ser, la sombra y la luz.

Deja que se haga, y si es diferente a la anterior, no importa, también vale. ¡Disfruta construyéndola!

Emplea unos minutos jugando a modificarla de nuevo, creando la MEJOR VERSIÓN DE TI MISMA.

Te puedes ver como te apetezca, hacer los cambios que quieras; sobre todo ahora que puedes acariciar tu sombra y mostrar tu luz.

Y por supuesto, sin juicio.

No olvides que dispones de todas las herramientas, de todos los superpoderes, de todos los programas de edición... Eres escultora, pintora, creativa. Con esas herramientas que conoces e incluso con las que no conoces o crees que son imposibles, elimina todo aquello que no quieres, que no te gusta. Elimina los términos y las frases negativas. Mira qué pasa cuando creas la mejor versión de ti hablándote bien, diciéndote palabras bellísimas, escuchándolas y agradeciéndolas. Deja que eso tenga efecto en la imagen. Observa qué cambios ocurren cuando te dices sí, cuando pones frente a ti un cartel que dice sí, cuando el sí mira hacia ti. Se ve cómo cambia el gesto, el cuerpo, la vestimenta. Deja que se haga, pero tú también puedes hacer, intervenir, cambiar. Es la imaginación, ahí no hay límites.

E insisto: no juzgues, no critiques; no sabes nada de la historia completa de nadie, ni siquiera conoces la tuya. Es pretencioso creer que sabemos lo que el otro necesita porque hace o dice esto o lo otro. Simplemente está hablando de sí mismo, a través de su filtro y de su percepción de la realidad. De manera que cuando sientas que alguien te critica o te juzga, piensa o dile: «Gracias por hablarme tan sinceramente de ti». Y después vuelve a ti, a tu imagen y a tu interior. Construye tu mejor versión sin límites. Y deja que la imagen de esa versión gane en detalle, en color. Como si pudieras ir perfilando un cuadro o retocando una foto. Para que cuando lo veas te encante. No significa que sea real, ni que te la creas, ni que sea posible. Puedes crearla como quieras. CREA LA MEJOR VERSIÓN DE TI.

Cuando la tengas, hazle una foto, enmárcala y quédatela desde hoy, unos cuantos días, contemplándola, disfrutándola, repitiéndola, volviéndola a retocar, intentando mejorarla a diario (los gestos, las sensaciones, las palabras...). De este modo, cada vez tendrás una mejor versión de la mejor versión de ti misma.

Poco a poco, abre los ojos, a tu ritmo, y recrea la imagen todo lo posible en esta semana. ¿Ha cambiado algo con respecto a la de la semana anterior? ¿Has podido hacer nuevos retoques? ¿Has conseguido mejorarla? ¿Has visto algo mejor?

Recuerda que no hay límites, que tienes cualquier herramienta. Retócala como necesites. Te irá costando menos porque habrá una estructura en tu inconsciente que ya no podrá verse como ahí. Y cuando pongas esto en práctica en los próximos días, la siguiente aún será mejor.

La puedes poner en el salón o llevarla en la cartera. Mírala varias veces al día, pues es la mejor versión de ti. Seguramente te provoque sensaciones agradables.

Si quieres centrarte totalmente en esa creación imaginaria escuchando el audio guiado, puedes acceder al curso *online* «Recupera tu poder creador».

Vivir libre de crítica y juicio te permite vivir en comprensión y libertad, además de liberarte de la cadena culpa-castigo, que veremos a continuación.

Haz una imagen de ti ahora, la que sea.
¿Cómo te ves?
Cuando la tengas bien creada, con todo detalle, empieza a ELIMINAR lo negativo, cámbialo a tu gusto, sin límites, mejorando la imagen física, las habilidades, los puntos fuertes...
Haz cambios supermotivadores, vuélvete LOCA.
Ve cambiando y haciendo ajustes hasta que sea la mejor obra de tu vida.

LA MEJOR VERSION DE TI MISMA

**¡ACEPTANDO Y CRECIENDO!
¡DICIÉNDOTE SI, HABLÁNDOTE BIEN, CON RESPETO, SIN VERGÜENZA NI FALSA HUMILDAD, SIN JUICIO Y CON LIBERTAD!**

Vas a comenzar el capítulo 5. ¡Has llegado al ecuador!

¿Qué has aprendido y descubierto? Y sobre todo, ¿qué has sentido y qué sientes que sea nuevo?
¿Qué preguntas te has hecho que nunca te habías planteado?
¿Qué es lo que más ha cambiado en tu interior?
¿Qué has aceptado?
¿Qué has podido respetar como no lo hacías antes?
¿De qué te has avergonzado o de qué ya no te avergüenzas?
Y muy importante: ¿qué no criticas ni juzgas?
¿En qué has dejado de sentir que te critican y te juzgan?
Y tú, ¿has dejado de criticarte y juzgarte?

Si después del ejercicio con el tálamo has sentido un cansancio extremo, es normal, porque se ha producido un cambio determinante con el juicio, en el filtro que había en ti.

Si por el contrario lo has hecho sin detenerte demasiado o has escrito solo una carta, en dos líneas, y no ha ocurrido nada y todo está bien… desconfía y ponte a escribir de nuevo.

Esta es una trampa que encontrarás en este ejercicio y en muchos otros que te planteo. Pero el del tálamo, específicamente, es bastante largo y bastante profundo como para que pretendas resolverlo con una única carta y pases todo por alto. A veces, tomárselo así es una solución biológica inconsciente, una protección, debido a que hay algo tan importante que desvelar con este ejercicio, que resulta incómodo, de manera que tu inconsciente decide no tocarlo y que te quedes como estás. Tienes que volverlo a hacer.

Si sigue ocurriendo lo mismo, continúa leyendo, avanza en el libro y cuando acabes, vuelve aquí, verás que sucede algo nuevo.

Realmente es en este punto donde empieza el cambio. En la medida que tú hagas esto en ti, se reflejará en el exterior. Si has realizado los ejercicios lo habrás comprobado. Si no, no me creas; pruébalo.

¿Conoces el reto de la semana sin queja? Consiste en estar siete días completos sin quejarte, y si no lo logras, el reto vuelve a empezar. Pues yo te invito a que juegues a lo mismo, pero con el juicio.

Una semana entera sin juzgar ni juzgarte, sin crítica... ¿Te imaginas? Prueba. Te aseguro que va a cambiar tu vida, pero no porque lo pienses ahora, sino porque te pongas manos a la obra. ¡Venga! ¡El tiempo empieza a contar ya! Y si de repente te encuentras juzgando o juzgándote, comienza otra vez.

El juego te va a dar una idea de la realidad, y de la duda, el miedo, la desconfianza, la inseguridad y... LA CULPA que se generan detrás. Seguro que te suena..., porque ¿quién no se siente culpable de algo, de lo que le pasa al otro o de cómo se sienten los demás, de lo que te está pasando, de lo que haces bien o mal...? En el caso concreto de los embarazos frustrados, la culpa siempre se apodera del inconsciente.

Todo esto hay que trabajarlo en la autoestima, para ganar ese poder de creación, así que vamos a ello.

Ya lo dijo Leonardo Da Vinci:
«Nada nos engaña tanto como nuestro propio juicio».

CAPÍTULO 5

MERECIMIENTO, PERDÓN Y CULPA

Merecimiento, perdón y culpa

Instante práctico: Aquí y Ahora

Respira profundo, cierra los ojos si es posible, vuelve la mirada hacia tu interior, percibe las sensaciones y la vida que hay dentro de ti, no fuera. Al prestar atención a esto, ya está más presente y más en contacto contigo misma, ya lo has conseguido.

Ahora conecta contigo y con este instante al cien por cien, porque a lo mejor hay una parte de ti que no está aquí, sino en el pasado o en el futuro. Para ello, respira profundamente por la nariz o por la boca, como mínimo tres veces. Cada vez que inhalas te traes todas y cada una de tus partes al momento presente, así como tus pensamientos, a todos tus seres, todas tus capas y todos tus yoes, sintiendo que progresivamente estás más conectada con el aquí y el ahora. Y cada vez que expulsas aire, dejas ir, sueltas, abres un paréntesis, abandonas cualquier cosa que has dejado fuera de este instante en el que estás leyendo y practicando para ti.

Cuando trabajes contigo misma, acostúmbrate a apartar todo lo que hay ahí (problemas, no problemas, la risa, lo bueno, lo malo, el tráfico, el trabajo, el ruido…). Solo al conectar con la respiración podrás empezar a sentirse físicamente, con el hecho de respirar y sentir el aire que entra, que se aposenta, que se instala en sí mismo y se llena de sí mismo. Es ese instante aquí y ahora en el que se crea la magia de dedicarte a ti exclusivamente donde existe la posibilidad de reconectar y desarrollar esta gran capacidad de crear que tienes y que en el algún momento has ido perdiendo, olvidando, desconectando.

Procura buscar este instante muchas veces al día, haz que forme parte de tu vida.

5.1. La frase

Ya conoces la dinámica… Comenzamos con la frase.

> **«LOS INFELICES SOLO NECESITAN A PERSONAS CAPACES DE PRESTARLES ATENCIÓN».**

Ponte a la escucha de ti misma… ¿Qué es lo primero que sientes? ¿Qué ocurre, qué dice tu interior, qué hace tu cuerpo? ¿Y qué piensas?

Concédete unos minutos para reflexionar y escribir tus respuestas. A veces, la primera sensación es: «Me agobia la idea, me enfurecen esas palabras; lo rechazo completamente; me genera un nerviosismo, una sorpresa o…». Depende de cada persona. Cualquier reacción que produzca la frase será correcta.

Quizá te hayas dado cuenta de que tiene que ver con el victimismo, de si tu vida o tu felicidad están sujetas (o no) a las de los demás.

5.2. Víctimas

Vamos a abordar un «bonito concepto», muy típico para trabajar en la autoestima, que es el del victimismo.

Casi nadie sale con este cartel a la calle: «¡Yo soy una víctima!». Sin embargo, sí se oye decir: «Soy víctima de la sociedad/de las circunstancias» o «Soy rebelde porque el mundo me ha hecho así»…, como decía la canción de Jeanette. Y también:

«¿Por qué a mí? Yo no tengo la culpa».
«Es que el otro hace/dice/ me hace sentir…».
«La vida es injusta, me ha tratado fatal».
«No lo entiendo, ¿por qué yo? Yo no puedo ser feliz con este jefe, con esta pareja, con esta desgracia…, y por supuesto, tampoco con esta frustración por no conseguir ser mamá».

Te reconoces en alguno de esos pensamientos, ¿verdad? Solo te tienes que responder y decir la verdad a ti.

Utilizar frases de ese tipo revela un sentimiento de ser la víctima de «algo». Sí, siempre, piénsalo.

Y si te sientes víctima, seguro que estás juzgando y seguro que tienes que encontrar un culpable para que tu mecanismo mental se pueda tranquilizar. Como cuando vemos una película en la que se comete un asesinato, y no descansamos tranquilos hasta que encuentran al culpable y de esa manera «compensan» a la víctima. En nuestro mecanismo mental inconsciente ocurre igual, y si no encuentra una cabeza de turco, se la inventa para poder descansar.

El conflicto generado al creer que somos culpables de lo que nos ocurre o lo es el otro (entendiendo por «el otro» cualquier persona, hecho, ente u objeto) reside en no saber quién es responsable de qué; por tanto, conviene que a partir de ahora seamos conscientes de ello.

¿Te has visto alguna vez en un conflicto similar? En ocasiones lo sentimos y lo decimos más explícitamente, o no. Otras, lo decimos sin palabras, con actos, con gestos, con sentimientos. Y también lo expresamos con palabras: «lo que el otro hace, lo que ha dicho, no me hace sentir bien».

Es algo que percibirás a tu alrededor, porque la sociedad está estructurada de esa manera. Nos educan ya así. Es el otro el que te hace sentir muy mal, muy bien, o el que te valora (si el otro te valora, tú tienes valor).

Estamos siempre en referencia externa, dependiendo del otro. Se crean un montón de víctimas, no existe otro papel que se pueda desempeñar más que ese. Si el otro me trata mal y yo me siento mal, soy una víctima.

Yo he visto el victimismo en muchas mujeres con problemas de fertilidad, que viven su situación como una injusticia. Pero muy pocas víctimas se reconocen a sí mismas; por tanto, te pido que le eches valor y escribas o reconozcas alguna de estas frases que acabas de leer. Si están en tu mente, hay algo que arreglar. Te contaré por qué.

5.3. Investigando el poder perdido

Desde muy chiquitita, y a medida que has ido creciendo, te han ido reforzando esta idea y educando en que son los demás quienes deciden si tú tienes valor o no, si lo que haces está bien o no, si tienes capacidad para algo o no. Por eso, te has creído que una parte de ti (algo que define tu esencia, como el valor o la sabiduría) está ahí fuera, en una persona que te lo da o te lo quita, y así empiezas a depender del otro. Porque mamá, papá, tu hermano mayor o el profe, te comparaban, con su vara medidora subjetiva, y te decían que no eras capaz o que lo hacías mal, y tú te lo creíste, como es normal, porque ellos son los mayores. De este modo, se te olvidó que «eso» lo tenías tú, en tu realidad, en tu interior o en tu potencialidad. Y así, a lo largo de la vida. Al llegar a adulta, descubres en ti un montón de agujeros negros, que te hacen sentir muy vacía, muy víctima, muy en referencia, muy dependiente… Es natural, fíjate: sin quererlo, fuiste entregando a los demás buena parte de ti.

Curiosamente, nos consideramos excelentes personas por estar pendientes del otro, cuidando del otro, pensando en el otro, atendiendo las necesidades del otro… hasta el punto de olvidarnos de nosotras mismas. Quizás sea tu caso, y te diré que es una gran mentira, porque el inconsciente lo que hace es atender a cada una de esas porciones de ti que un día pusiste en el otro.

Si nuestro centro y nuestro poder lo hemos puesto fuera, atendemos fuera. Lo que vamos a intentar es recuperarlo, por medio de un ejercicio muy sencillo. Puede que solo necesites realizarlo una vez o puede que cinco, no importa. De lo que se trata es de rescatar todos esos trocitos de los que hablábamos. A partir de ahí se producirá un punto de inflexión en tu vida, porque cuando reúnes todo tu poder, todo su ser, ya no tienes que estar nunca más pendiente de nada ni de nadie. Y mucho menos de que esa otra persona deba cubrir lo que crees que a ti te falta, porque puedes crearlo. Además, tu cuerpo recuperará un poder que había perdido, a nivel inconsciente y a nivel biológico, una pérdida que te había incapacitado para crear, para sanar, para curar…

Antes de nada, reflexiona sobre estas preguntas, porque te van a dar pistas:

- ¿Dónde está tu centro? Deja que surjan respuestas totalmente fuera de tu cabeza. Puede que se te represente una persona, un lugar o una imagen.
- ¿Quién es más importante que yo? Cuando he de tomar una decisión, ¿quién debe aprobarla? ¿De quién necesito su aprobación? ¿A quién recurro para consultarle? ¿Quién decide la respuesta? Cuando hago algo, ¿quién me tiene que decir sí o no? ¿Con quién cuento? ¿A quién atiendo antes

que a mí? Si te resulta útil, coge papel y boli. Habrá personas cercanas en las que encuentres ese referente (padres, familiares, hermanos, pareja, amigos cercanos o íntimos, gente de trato frecuente, hijos…). Piensa y déjate sorprender.

- ¿Por quién estoy dispuesto a sacrificar/morir/sufrir/renunciar/olvidarme de mí, a no hacer, a no decir? Aunque a veces sea algo difícil de reconocer, toma conciencia de ello y te darás cuenta de que en la vida se establecen relaciones de confusión, que no permiten distinguir dónde está el otro y dónde estás tú. Cuando ya no sabes dónde estás tú a nivel inconsciente, dejas de saber dónde está el otro.

Medita un rato sobre todo ello y valora cómo influye en tu día a día. A veces, la clave está en detalles cotidianos; por ejemplo, cuando se trata de decidir dónde comer con los compañeros de trabajo y siempre es más importante lo que opinan los demás, o lo que quiere el otro, o la otra; o cuando vas a planear cualquier cosa sencilla con tu pareja. Oigo a muchas mamás que anteponen a sus hijos, y lo que hacen es depositar una gran parte de ellas en los niños. Si ya has sido mamá y estás buscando un segundo o un tercero, o simplemente intentas entender lo que te pasa a este nivel, verás que en tu hijo anterior, incluso en los que no han nacido, en los abortos que has tenido…, se fue una parte de tu centro sin quererlo.

Esto es malo para una misma. Nos hace perder capacidad, valor, poder, contacto con nuestro ser, con nuestras necesidades, con todo. Pero además, le hacemos un flaco favor al otro, porque acaba soportando una carga que es nuestra. Por tanto, nos corresponde coger esa parte para dejarle el espacio libre.

Suele ocurrir cuando una persona tiene un problema de autoestima y empieza a recuperarla. Entra en relaciones «confusionales» y se replantea tanto su propia dimensión como la del otro. Recuerda que siempre tienes la opción de quedarte como estás y seguir con todo igual; o puede que haya cambios porque los permites.

Esos cambios vienen porque de repente tú existes, tú te respetas, tú estás, tú te atiendes, tú te escuchas. Tú sí eres capaz.

Y haber perdido la autoestima no es culpa de nadie. Más bien, de las circunstancias, de la educación y de las experiencias. Nadie te lo ha quitado. Es así, punto. Si el otro tiene agujeros, probablemente sea tan víctima como tú y una parte suya se halle fuera; o puede que se haya creído dotado de un superpoder y no entienda por qué. Pero claro, es que has puesto tanto de tu poder en él o en ella, que entonces se convierte en Superman/Superwoman y no lo sabe. Por esta razón, cuando recuperas tu poder, las personas que te rodean lo van a notar, y tu percepción de cada una de ellas también será distinta.

Si realmente aplicas esto mediante un cambio en ti, acostúmbrate a partir de hoy a que pase. Te vas a encontrar con dos circunstancias: va a haber personas que digan «¡Qué bien, has dado un cambio, da gusto estar contigo!» porque les has quitado un peso de encima (estas son las más sanas y con quienes debes pasar tu vida); y luego están esas otras a las que les habías entregado un superpoder y que te van a reprochar que ahora se lo quites. Lo he visto en algunas parejas y no hay un culpable; simplemente, no comprenden el cambio.

En las relaciones se derivan al menos dos consecuencias:

- Que se reestructuren, que cada uno tenga lo suyo para una relación sana, de carácter «fusional», no «confusional».

- Que haya gente que no admita el cambio. La decisión es tuya, pero ahora puedes decidir conscientemente. Muchos de esos centros que hemos entregado son completamente inconscientes, no sabemos ni en quién están, ni en qué consisten, ni de qué se trata, ni en qué momento los dimos, ni nada.

5.4. Ejercicio «Recupera TU centro»

Este es el ejercicio más potente que yo he realizado hasta el momento para la recuperación de poder. Te explico en qué consiste, pero sinceramente te aconsejo que sigas el audio guiado del curso *online* «Recupera tu poder creador». Todas las que lo conocemos lo usamos varias veces, y no solo para tener un hijo, sino también en muchas otras ocasiones. Yo lo hice a los pocos meses de ser madre por explorar, y me di cuenta de que había dejado salir parte de mi poder con ese niño que nacía, al que inconscientemente le había dado una parte de mí; y esto no es amor de madre, no nos confundamos, amor es tener tu poder y tus hijos el suyo, y compartir y amar sin dependencia ni victimismo.

Puedes realizar el ejercicio en la postura que quieras. Olvídate de escribir, de entender, de hacer… Nos vamos a ocupar a nivel inconsciente de recuperar lo que perdiste. Déjate sorprender; es tu inconsciente el que te va a dar esa información, no tu cabeza. No tienes que pensar ni recordar, nada de eso.

Pon frente a ti una pantalla en blanco, como si estuvieras en una sala de cine. Poco a poco, disminuye la luz y se enciende el proyector. En esa pantalla comienzan a aparecer personas, lugares, objetos, animales, una casa en la que pusiste tu ilusión… lo que surja. No tienes que hacer nada, solo dejar que aparezcan, porque representan todas aquellas cosas o personas a las que un día, sin saberlo, les diste tu poder al creer que podrían hacerte sentir de una manera determinada. A lo mejor es un médico que te trató durante unos años de tu vida y en quien depositaste el poder de tu curación, de tu salud; o quizás tu madre, tu padre, tu hermano mayor o pequeño, una abuela con la que conviviste mucho tiempo y te decía: «Calla, que tú no sabes, que eres una inútil»; o también una profesora o un profesor, ya que los niños no cuestionan las palabras o los actos de un adulto; o puede que unos compañeros de colegio...

Una vez pusiste allí una parte de tu CENTRO, de tu poder personal, de algunos de tus valores y de tus capacidades.

Pero queda algo de ti, no lo dudes; de lo contrario, ni siquiera estarías viva.

Así que dentro de tu cuerpo ese CENTRO DE PODER. Puede ser una lucecita pequeña, un faro a lo lejos, una chispita a punto de apagarse pero que aún sigue encendida.

Entra en contacto con ese centro y toma conciencia de que existe, como si quedara una llamita y pudieras ahora protegerla del viento para que no se apague y sentir que un día disminuyó, que se hizo más pequeña, pero que permanece ahí.

A continuación, desde ese punto de tu cuerpo, localiza un lazo, una cuerda, un hilo, un símbolo... que lo una con cada una de las personas, cosas o lugares que ves en la pantalla.

Si por ejemplo es tu madre la primera que te ha llamado la atención o la que apareció en primer lugar, observa a qué punto de su cuerpo (un hombro, la cabeza, un pie, el ombligo...) está unido tu centro.

En todo hay información: en ese punto de su cuerpo, en ese símbolo y en el lazo de unión (si es finito, grueso, casi metálico, fuerte, débil, de un color, de otro...).

Observa qué sientes:

- En el momento en que ves el símbolo que os une y las partes del cuerpo, y cuando descubres la parte de ti puesta allí.
- Cuando lo cortas (lo vas a hacer con cada uno).
- Cuando recoges tu parte, que será lo siguiente que hagas.
- Cuando ves la reacción de esa imagen…

Y cuando estás recogiendo, cerciórate de si hay algo que puedas identificar en concreto. ¿Qué es eso que entregaste inconscientemente? Quizás fue la confianza, la seguridad, la inteligencia, la capacidad para… lo que sea.

Reacomoda todas esas partes dentro de ti.

Ve de una en una, sin prisa, puede llevarte varios días, pero merece la pena recuperar algo que te pertenece, ¿no?

Hasta que encuentres la pantalla en blanco y hayas recompuesto tu ser al completo, como si en tu centro se estuviera creando una especie de Lego, hecho de piezas perdidas que van encajando y se van sumando. Tu centro de poder, de ti, de autoestima, de capacidad, empieza a crecer. Y así, con el siguiente, con lo siguiente.

Repara en que ahora tienes dos partes: un molde y un contenido. Por fuera, tú eres un molde; y dentro hay muchas cosas, entre ellas, tu centro que se está reconstruyendo, que se está sumando, que está recuperando esas partes de ti que se expatriaron (por la razón que fuera, al lugar, persona o momento que fuera).

Finalmente, como si te pudieras ver a través de una cámara de rayos X, comprueba cómo está ese centro y míralo. Crece en ti, se expande tanto dentro de ti que llega a tu piel y más allá de ti, pero siempre desde tu interior.

Déjate sentir, observa cuáles son las sensaciones.

Mira qué pasa y valora cuáles pueden ser los beneficios para ti de este cambio o de permanecer como estabas. ¿Qué cambia en ti? Atiende también a lo que pasa ahí fuera, enfrente, en la pantalla, qué ocurre en los demás y en lo demás. ¿Cuáles son sus reacciones, beneficios o sus desventajas? Tendrás sensaciones sobre esto, es normal, pues has estado mucho tiempo en referencia a esa parte externa. Pero a partir de ahora, ese ya no es tu problema.

Si falta algún lazo por cortar, algún centro de ti en el otro que no has podido recuperar, no importa. De momento, sé consciente de ello. Luego, repite el ejercicio y ponte en relación solamente con esa parte de ti; quizás puedas entender algo más de por qué aún sigue allí. A veces hacemos las cosas complicadas cuando en realidad son muy sencillas. Recobrar tu poder en este ejercicio es comparable a entrar en un lugar en el que te habías dejado algo, lo coges y te marchas de nuevo. Tan sencillo como eso.

A partir de aquí, vas a ser capaz de establecer nuevas relaciones con el mundo, y por supuesto contigo. Observa qué beneficios obtienes de ello. Es probable que llegues a tener la sensación de haberte cargado con un superpoder, y que hasta te dé un poco de miedo. Pero todos lo tenemos, es tu poder. Mientras, sigues expandiendo tu centro, recuperándolo por completo.

No habernos dado cuenta de que habíamos entregado partes de nuestro poder no debe servir para culparnos, sino justamente para quitarnos la culpa. Cuando no nos percatamos de ello surge una culpa inconsciente. Hay entonces una parte de nuestra inconsciencia que se pregunta cómo permite esto. Ahora que lo conoces conscientemente puedes transformarlo. Ahora sí vas a poder encontrar diferentes momentos para recuperar tu poder.

Cabe la posibilidad de que al realizar este ejercicio notes alguna molestia física, porque todo aquello que cedemos al otro de manera inconsciente tiene un sentido y por supuesto una repercusión en el organismo.

Reflexiona y apunta: ¿qué has podido recuperar?

Hazlo tranquilamente. No es un ejercicio eterno que exija una dedicación diaria a lo largo de años. El inconsciente es muy rápido y muy eficaz haciendo las cosas. Incluso se te presentarán ocasiones en que podrás recuperar varias partes a la vez de diferentes lugares, cosas o personas. Amplía el ejercicio y repítelo hasta que sientas que esa pantalla está prácticamente en blanco y que tu centro ha vuelto a ti.

Hay gente que es visual, hay gente que es auditiva, hay gente que es kinestésica… No es necesario que veas claramente la pantalla; basta con que tú tengas una sensación.

Por favor, repite el ejercicio, recupera esa parte de ti. Ve dando pasos por la vida con curiosidad, a ver qué pasa con el resto. Cómo reaccionan los demás, o no, porque ahora tienen una parte vacía. Estarán muy a gusto o, por el contrario, mostrarán rechazo. Pero claro, acabas de recuperar cosas tuyas; es posible que te encuentres una sorpresa del otro en esa pantalla o incluso en la vida real. Vuestros inconscientes se comunican. Puede que el otro también lo sepa, lo note y lo comente contigo. Pero contémplalo siempre como reafirmaciones de ese trabajo que estás haciendo.

Habrá ocasiones en las que recuperes algo que no sabes qué es pero que sabes que te pertenece: conceptos, ideas abstractas, símbolos, colores, objetos… Lo recuperas y lo instalas en ti. No siempre lo podrás identificar mentalmente; quizás lo identifiques después, o nunca, no importa.

Hazlo hasta tener la sensación, incluso la certeza, de que estás al completo.

Y a ese SER completo le vas a dar el regalo del perdón.

5.5. Culpa-castigo

Es necesario que de verdad tengas la sensación de que te has perdonado, incluso de dar un paso más allá y ver que no hace falta razonar nada. Llegarás a este punto cuando logres deshacerte de la culpa.

El estado natural mental y emocional del ser humano es la paz y el merecimiento, pero la culpa nos saca de esta paz y nos mete en el castigo, para tranquilizarnos de alguna manera a nivel inconsciente, como si pagar nos liberara.

He visto mujeres que se castigan por infinidad de motivos, a veces por situaciones que ni siquiera han ocurrido o están ocurriendo, que solo existen en su pensamiento, porque lo creen firmemente y se acusan a sí mismas de no hacer algo bien. Ante eso, su inconsciente reacciona procurando castigo, como si así se pudieran liberar.

Son muchas las que me han dicho cuando no pueden tener un hijo que es su castigo por lo que hicieron un día, por un aborto voluntario, porque cuando pudieron tener hijos no los tuvieron, porque trabajan demasiado, porque están estresadas, porque cometieron tal o cual error, etc.

Al escucharlas, me viene a la mente una frase de Henry Ford que me encanta: «Tanto si crees que puedes como si no, tienes razón». Llevada a este terreno significa que tanto si te crees culpable como si no, tienes razón; si crees que mereces ahora castigo o no, tienes razón. Lo que crees siempre se cumplirá.

Es nuestra creencia de culpabilidad la que nos mantiene en ese sufrimiento y en esa sensación de no merecimiento y de castigo, la que mantiene la idea de terror y el miedo.

Lo único que tenemos que entender es que en cada momento de nuestra vida hicimos lo mejor que sabíamos y podíamos en ese instante; no conocíamos el futuro. Si por ejemplo un día decidiste abortar, fue porque entonces, y no otro día ni un año o diez más tarde... solo y únicamente en aquel entonces creíste que era lo mejor, basada en tus circunstancias económicas, familiares, sociales... No puedes pedirle a aquella que fuiste que conociera lo que hoy conoces, que supiera lo que le iba a pasar, que adivinara lo que iba a sufrir o que le costaría tener hijos. Porque tú juegas con ventaja, ya que conoces el futuro, y esto es injusto. Imagínate que le dijeras a esa chica de 15 o 20 años: «Te castigo por no saber el futuro». Significaría que la estás castigando en base a la información que tú tienes, lo cual carece de sentido, así que mira a esa mujer y perdónala, aunque en realidad no hay nada que perdonar.

La culpa es terrible porque nos genera amargura, pensamientos repetitivos de odio, de rabia... emociones que nos convierten en prisioneras; y además, todo esto nos conduce a comportarnos de un modo que no es precisamente el que más nos conviene.

La culpa te acusa de no haber sido consciente cuando estabas cometiendo un grave error, por el cual te corresponde pagar. Por supuesto, no piensas esto de forma racional, pero está ocurriendo ahí detrás.

Si te das cuenta, **solo hay un error: sentir culpa.**

A poco que profundices en ella, entenderás que la culpa en sí misma es una locura; sin embargo, millones de personas en el mundo la viven como algo normal, ya que en nuestro inconsciente colectivo hay una información de culpa que es la madre de todo sentimiento individual. Pues hagamos justo lo contrario: un trabajo individual de autoperdón; de esa forma, no solo te ayudas tú, a conseguir tu objetivo, sino también a los que tienes alrededor y al mundo entero, especialmente a las mujeres, que tenemos la culpa y el no merecimiento grabado a fuego en nuestras células y es nuestra responsabilidad cambiar esto.

Cuando dejas de culparte, comprendes que nunca pudo ser de otra manera y te perdonas, realizas un salto cuántico, automáticamente estás en otra frecuencia emocional que, como ya conoces por la ley del estado, se halla mucho más próxima a tu objetivo.

Concédete el regalo de tu perdón porque es la sanación de la culpa, y no el castigo. Podrás sentir el efecto liberador de inmediato y comprobar que el sufrimiento no tiene ningún sentido. Cuando sufres es porque tu mente está en conflicto, y en la mente hay pensamientos y creencias, así que busca cuál de ellos hace de filtro dañino.

En tu programación inconsciente hay tanta información sobre la culpa... y nos han enseñado tanto esconderla... que a veces es difícil de reconocer.

Con este cambio, inevitablemente va a cambiar tu manera de pensar, de interpretar la realidad, de sentir y de vivir.

Tienes que repetirte a ti misma e incluir en las declaraciones de la ley de la elección: «Decido perdonarme, incluso ver que no hay nada que perdonar. Decido percibir la realidad de otra manera».

5.6. Responsabilidad emocional, caprichos y dramas

Continuando con la pérdida de poder, el problema es que nos hemos creído que otras personas o fuerzas extrañas en el exterior son responsables de lo que nos pasa. Y no utilizamos la palabra *responsables;* decimos que son *culpables* de nuestras emociones, de lo que sentimos, de lo que tenemos, de que estemos bien o mal. Pero eso es mentira; si piensas así es que tienen parte de tu poder. Cuando lo recuperas, te darás cuenta de que la única persona responsable de tus emociones eres tú misma, y a veces no lo quieres ver.

Cuando recuperas todas esas partes de ti, nadie te puede hacer sentir bien, mal, tonta, lista, válida, inútil… nadie. Una cosa es lo que el otro diga o haga, y otra que tenga el poder de hacerte sentir de esa manera. Las personas que han depositado muchas de sus partes en otros, sí que sufren ese efecto, porque el poder lo tiene el otro. Lo peor de esto es la reciprocidad: si yo creo que parte de mi poder está en el otro, inevitablemente el otro tiene poder sobre mí y yo sobre él. De ahí los comentarios como: «Es que yo puedo hacer sentir al otro muy mal o muy bien» o «No voy a hacer esto porque le voy a hacer sentir muy mal». Pero es mentira, no tenemos el poder de hacer sentir mal o valioso al otro. La prueba está en que tú dices algo a cuatro personas y cada cual le da un sentido, pues cada uno responde de sus emociones.

A partir de hoy vas a ser responsable de tus emociones, no culpable de lo que el otro sienta, y así tampoco podrás hacer al otro culpable de lo que tú sientas. Esto te da responsabilidad. El poder otorga responsabilidad emocional.

Y te digo algo más: no todas las mujeres con las que trabajo quieren esta responsabilidad, y es lícito, pero has de saber que entonces yo no te puedo ayudar, y en realidad nadie, porque aunque tú quieras darle el poder a otro, es una creencia y no funcionará; solo tú tienes efecto sobre ti misma.

Puedes permanecer sufriendo, anclada en el victimismo toda la vida si lo deseas. Todo el mundo tiene derecho a estar así, incluso conscientemente. Eso nadie te lo va a quitar. Es como un capricho legítimo. Yo lo represento con una metáfora que visualmente se entiende muy rápido: una niña en un patio del colegio, enfadada porque quiere que le hagan caso, llamar la atención, que le vengan a decir cosas, a buscar, pero nadie se está dando cuenta de lo que le pasa, porque nadie es adivino para saber lo que quiere o a que le apetece jugar. Cuando por fin un compañero le hace caso, ella le contesta: «¡Sí, hombre! ¿Ahora? Ahora, no», y el niño se va. Y ella se queda lamentándose de que se ha ido y de que no quiere jugar.

Tras mucho rato en ese papel de víctima, viene alguien y le dice: «Hola, ¿quieres jugar?», y vuelve a pasar lo mismo. Este es el extremo de los victimistas, instalados en un capricho. El capricho de seguir sintiéndose mal: «Quiero que el otro me preste atención, que haga lo que quiero, que me dé lo que necesito; pero cuando viene ya no me vale, porque tenía que haber venido antes, lo tenía que haber hecho mejor o de otra forma». Y pueden estar así siempre y nadie les puede sacar de ahí… <u>Es el bucle infinito del capricho legítimo de sufrir y seguir sufriendo.</u>

A veces es duro, pero una tiene que ser esa niña en el patio del colegio que de repente un día dice: «Venga, vale, me voy a levantar yo». Solo ella puede dejar de sentirse así en cualquier momento, preguntando a los otros si puede jugar con ellos, y de ese modo zanjar el problema.

El extremo de los victimistas es estancarse ahí, y solo ellos mismos pueden decidir romper el círculo. Por eso nunca se rompe, porque están esperando a que otros lo rompan.

Esto es una opción sobre la que espero que reflexiones, por si alguna vez te has encontrado así o te encuentras así en algún aspecto, porque en ese caso deberías reaccionar, dejar de esperar y darte cuenta de que, aunque nuestro orgullo o nuestra necesidad de reconocimiento nos lo dificulte, está en tu mano corregir el rumbo y declarar: «¡YA! ¡Hasta hoy! Hoy dejo de sufrir! Hoy me centro en lo positivo, hoy pido lo que necesito, y soy yo la que decido ser feliz. ¡YA!, sin esperar a nada más».

Encuentro a adultas instaladas en ese capricho, que fueron aquellas niñas quejándose del amiguito. Pero solo tú, hoy, puedes salir de la queja. Tan fácil, sí.

Mi recomendación es que, si te ves reflejada en comportamientos de ese tipo, cierres la escuela dramática que todos abrimos en algún momento de nuestra vida, porque no todos los negocios funcionan siempre. Mejor, emplea tu energía en otras ocupaciones más productivas,

Para ser una misma, es necesario depender solo de una misma. Esto no quiere decir que no vivamos en el mundo, que no podamos compartir. Lo que significa es que debemos hacerlo desde nuestro centro, desde nuestro ser completo, desde nuestro poder.

Nos podemos ayudar al cien por cien y ayudar al otro. Pero para poder ser nosotras mismas tenemos que depender solo de nosotras mismas. Si dependemos del otro, mal asunto, pues nuestra identidad se define en tanto en cuanto el otro nos apruebe, nos valore o nos diga que podemos. Y si nunca lo hace, nuestra vida se estanca. La única solución válida es depender solamente de una misma, y lo compruebo a diario.

¿Quieres probar? Toma la decisión hoy de dejar de ser la víctima de las circunstancias y empieza a crear las tuyas propias. Tal vez no sepas cómo, pero no te preocupes; con la intención, siempre se aprende.

5.7. Ejercicio «Despeja tu camino»

En ocasiones, hay que dejar de limpiar el pasado para resolver desde el presente un nuevo futuro, hay que quitar las piedras y despejar el camino de ahora en adelante.

Vas a dejar que te llegue de manera espontánea —puedes buscarla o simplemente esperar a que surja— una situación de tu vida — reciente, del pasado, de cuando eras muy pequeña o de cualquier momento—, en la que has tenido una sensación de seguridad absoluta, en la que has hecho lo que querías, sin depender de nada ni de nadie. Puede ser algo muy simple, como una travesura infantil, o algo de una etapa más adulta. Busca ese momento en tu vida, en cualquier lugar, a cualquier edad en la que hiciste algo que solo dependía de ti. Si no encontraras ninguna, imagina alguna situación en la que te hubiera gustado actuar por ti misma, sin juzgar si era bueno o malo y sin depender de nada ni de nadie.

Cuando la tengas, mira dónde estás, qué ocurre, qué ves, qué oyes, qué sientes, qué percibes, y emplea los cinco sentidos para ello.

Observa todo lo que te rodea, todo lo que ocurre. Céntrate en esa sensación de seguridad, de estar haciendo lo que te apetece. Respira profundamente y permite que el aire vaya a ese rincón de tu cuerpo donde puedes sentir la seguridad de actuar como tú lo has decidido sin importar la edad o el lugar. Respira esa sensación de seguridad. Aunque creemos que el aire solo va a los pulmones o al abdomen, en realidad alcanza cada pequeña parte de nuestro organismo; déjalo que se expanda y siéntelo.

A continuación, toca esa parte de tu cuerpo donde sientes esa seguridad de estar haciendo algo por ti misma. Si es una zona muy localizada en tu interior, haz como si tu mano pudiese atravesar tu piel para llegar a ese punto.

Continúa respirando profundamente y céntrate en ese lugar de tu cuerpo donde casi puedes tocar tu seguridad. En contacto con ella, con esa dependencia exclusiva de ti en ese instante, sitúate frente a esa imagen de antes donde había personas, cosas, lugares de los que en algún momento has creído depender.

Cada vez que tomes aire, contacta con esa parte de ti que estás tocando, donde puedes sentir que eres dueña de ti, con gran seguridad; progresivamente, te irá pareciendo más normal. Y cada vez que exhales, aleja esas imágenes que están frente a ti, de pasadas dependencias.

Con las siguientes respiraciones, poco a poco quedarán las demás dependencias a un lado y frente a ti se abrirá un camino, tu camino, que solo depende de ti. Deja que se vaya afianzando en el suelo, que sea un sendero por el que puedas avanzar. Deja que se dibuje sin que tú hagas nada más que respirar: al inhalar, conectando con esa dependencia de ti, con esa seguridad; y al exhalar, despejando tu camino de dependencias ajenas.

Tómate un tiempo hasta que logres sentirte más libre y alcances esa seguridad que te ofrece nuevas opciones, nuevas rutas, nuevas decisiones, nuevas emociones.

Puedes empezar a dar algún paso por ese camino, respirando profundamente, conectando con todo ese poder, con esa sensación de dependencia de ti. Lentamente, a la vez que una parte de ti sigue avanzando por ese camino, sin vuelta atrás…

5.8. La mejor versión de ti

Y ahora, para dar un paso más… trae esa última imagen de la mejor versión de ti misma. Puedes retomar la última imagen, la última mejor versión de ti misma y vas a disfrutar mejorándola aún más.

Mírate como te apetezca, haz los cambios que quieras, y recuerda que no hay juicio, no hay victimismo, no hay drama, no hay dependencia del exterior.

No olvides que dispones de todas las herramientas, de todos los superpoderes, de todos los programas de edición… Eres escultora, pintora, creativa. Con esas herramientas que conoces e incluso con las que no conoces o crees que son imposibles, elimina todo aquello que no quieres, que no te gusta. Elimina los términos y las frases negativas. Mira qué pasa cuando creas la mejor versión de ti hablándote bien, diciéndote palabras bellísimas, escuchándolas y agradeciéndolas. Deja que eso tenga efecto en la imagen. Observa qué cambios ocurren cuando te dices sí, cuando pones frente a ti un cartel que dice sí, cuando el sí mira hacia ti. Se ve cómo cambia el gesto, el cuerpo, la vestimenta. Deja que se haga, pero tú también puedes hacer, intervenir, cambiar. Es la imaginación, ahí no hay límites.

Construye la mejor versión de ti sin límites. En esta ocasión, además, sin dramas, con conciencia y responsabilidad. Y deja que la imagen de esa versión gane en detalle, en color. Como si pudieras ir perfilando un cuadro o retocando una foto. Para que cuando lo veas te encante. No significa que sea real, ni que te la creas, ni que sea posible. Puedes crearla como quieras. CREA LA MEJOR VERSIÓN DE TI.

Cuando la tengas, hazle una foto, enmárcala y quédatela desde hoy, unos cuantos días, contemplándola, disfrutándola, repitiéndola, volviéndola a retocar, intentando mejorarla a diario (los gestos, las sensaciones, las palabras…). De este modo, cada vez tendrás una mejor versión de la mejor versión de ti misma.

Poco a poco, abre los ojos, a tu ritmo, y recrea la imagen todo lo posible en esta semana. ¿Ha cambiado algo con respecto a la de la semana anterior? ¿Has podido hacer nuevos retoques? ¿Has conseguido mejorarla? ¿Has visto algo mejor?

Recuerda que no hay límites, que tienes cualquier herramienta. Retócala como necesites. Te irá costando menos porque habrá una estructura en tu inconsciente que ya no podrá verse como ahí. Y cuando pongas esto en práctica en los próximos días, la siguiente aún será mejor.

Al término del ejercicio, que se habrá prolongado durante un buen rato (más de ocho minutos), y profundizar en la imagen, puedes acabar un poco confusa, cansada, aturdida… Es normal, y no tienes que hacer nada más que descansar; el resto se estará haciendo solo, tu actividad nunca se detiene, tu inconsciente recibe todos tus mensajes, porque esto es un mensaje para él, que se cree de manera natural y va integrando para permanecer.

Haz una imagen de ti ahora, la que sea.
¿Cómo te ves?
Cuando la tengas bien creada, con todo detalle, empieza a ELIMINAR lo negativo, cámbialo a tu gusto, sin límites, mejorando la imagen física, las habilidades, los puntos fuertes...
Haz cambios supermotivadores, vuélvete LOCA.
Ve cambiando y haciendo ajustes hasta que sea la mejor obra de tu vida.

LA MEJOR VERSIÓN DE TI MISMA,

**¡ACEPTANDO Y CRECIENDO!
¡DICIÉNDOTE SÍ, HABLÁNDOTE BIEN, CON RESPETO, SIN VERGÜENZA NI FALSA HUMILDAD, SIN JUICIO,
SIN VICTIMISMO Y SIN DRAMA,
CON PERDÓN!**

Lo mejor sería que hubieras dejado pasar unos días hasta llegar a este capítulo, para cerrar adecuadamente tu escuela dramática, permitirte unos días para practicar el ejercicio de dejar a un lado el orgullo y el capricho de sentirte mal, de esperar la atención de los demás para que reconozcan tu dolor, la búsqueda de compasión…, y poder experimentar todo aquello de lo que hemos hablamos en el capítulo anterior, y así poder ahora responder francamente…

¿HAS DEJADO DE SENTIRTE LA VÍCTIMA?
¿HAS RECUPERADO TU CENTRO Y TU PODER?

Si la respuesta a la segunda pregunta es que sí, la primera también será afirmativa.
Reflexiona un par de minutos sobre tu última semana en la que has trabajado esto.

El poder creador y el victimismo son incompatibles.

¿Te acuerdas del «método Haka» que te conté en *Las leyes de la fertilidad*? ¿Recuerdas, entre los cuatro bloqueos, el victimismo? ¿Por qué el victimismo puede estar bloqueando tu embarazo? Por la sencilla razón de que las mujeres que adoptan el rol de la víctima son siempre esa víctima, cuya suerte está en manos de una fuerza malévola, desconocida, universal en contra de ellas.

Esa actitud transmite un mensaje muy importante: que el poder no reside en ti, sino en esa fuerza exterior o en los demás que hacen que la vida sea terrible sin que tú puedas remediarlo. El problema y la culpa es que el otro…, es que la vida…, es que los demás…, es que el mundo es injusto… Y la víctima se acaba preguntando: **¿Por qué yo? ¿Por qué me pasa esto a mí?**

Sé que lo has pensado, yo también, pero a partir de ahora se acabó.

Es increíble que nos inculquen esto desde niños, en cada detalle. Por ejemplo, veo cómo mi hijo arremete contra la silla o la pared con la que se acaba de golpear porque le dicen en todas partes que es «mala, mala, mala», como si la silla o la pared tuvieran la culpa. ¡Pero si ni siquiera se han movido! El caso es que desde la infancia nos enseñan que la culpa está fuera, sin ver que la responsabilidad está dentro; en realidad, nos golpeamos por un movimiento mal calculado, y lo único que hay que hacer es darse cuenta para no golpearse otra vez. Eso es lo que le explico en el día a día a mi pequeño, al que le digo que la silla o la pared no es mala, porque no han hecho nada; simplemente, él se chocó, y no pasa nada, la próxima vez basta con mirar mejor.

NO HAY CULPABLES NI MALA SUERTE AHÍ FUERA, CONVÉNCETE Y TENDRÁS EL PODER DE CAMBIAR TUS RESULTADOS.

EL VICTIMISMO ES UNA ACTITUD NEGATIVA E INVALIDANTE QUE TE ENCADENA A TU PROBLEMA.

Esta actitud, estos pensamientos y las emociones que te producen aniquilan tu poder, y evidentemente TU poder personal es necesario para crear una nueva vida.

«Ni tu peor enemigo puede hacerte el daño que te haces con un pensamiento victimista».

El victimismo es solo un aprendizaje. ¡Y tú ahora puedes desaprender y reaprender!

¡ENHORABUENA, PORQUE PUEDES SALIR DE AHÍ PARA SIEMPRE!

CAPÍTULO 6

DUDA
Y
SEGURIDAD

Duda y seguridad

Instante práctico: Aquí y Ahora

Respira profundo, cierra los ojos si es posible, vuelve la mirada hacia tu interior, percibe las sensaciones y la vida que hay dentro de ti, no fuera. Al prestar atención a esto, ya está más presente y más en contacto contigo misma, ya lo has conseguido.

Ahora conecta contigo y con este instante al cien por cien, porque a lo mejor hay una parte de ti que no está aquí, sino en el pasado o en el futuro. Para ello, respira profundamente por la nariz o por la boca, como mínimo tres veces. Cada vez que inhalas te traes todas y cada una de tus partes al momento presente, así como tus pensamientos, a todos tus seres, todas tus capas y todos tus yoes, sintiendo que progresivamente estás más conectada con el aquí y el ahora. Y cada vez que expulsas aire, dejas ir, sueltas, abres un paréntesis, abandonas cualquier cosa que has dejado fuera de este instante en el que estás leyendo y practicando para ti.

Cuando trabajes contigo misma, acostúmbrate a apartar todo lo que hay ahí (problemas, no problemas, la risa, lo bueno, lo malo, el tráfico, el trabajo, el ruido…). Solo al conectar con la respiración podrás empezar a sentirse físicamente, con el hecho de respirar y sentir el aire que entra, que se aposenta, que se instala en sí mismo y se llena de sí mismo. Es ese instante aquí y ahora en el que se crea la magia de dedicarte a ti exclusivamente donde existe la posibilidad de reconectar y desarrollar esta gran capacidad de crear que tienes y que en el algún momento has ido perdiendo, olvidando, desconectando.

Procura buscar este instante muchas veces al día, haz que forme parte de tu vida.

6.1. La frase

Vamos con la frase.

> **«EL MOMENTO MÁS OSCURO DE LA NOCHE OCURRE UN INSTANTE ANTES DEL AMANECER».**

¿Qué te sugiere? ¿Qué genera en ti?

Se dice con frecuencia que hay que tocar fondo. En ocasiones tenemos la sensación de que cada vez estamos peor y que ya es el límite. Pero sí, en esas circunstancias hay que llegar hasta el peor momento, en el que parece que todo está más oscuro… y este es justo el instante previo al de ver la luz. No se puede permanecer de noche infinitamente. El mayor problema es que dudas de la llegada de esa luz…

Lo que te quiero enseñar con la frase es que esto pasa siempre y que debes tenerlo en cuenta y ser consciente de ello. Pues cuando sentimos que ya no podemos más (a pesar de no saber nunca dónde está el límite del aguante), va a haber un punto en el que empecemos a mejorar, siempre.

Lo que deberíamos hacer es centrarnos en lo que nos está pasando realmente y en lo que vemos que va oscureciendo (qué nos está diciendo, qué está ocurriendo), así como estar más en contacto con nosotras mismas, en vez de malgastar todo el día protestando, esperando a que se haga la luz sin ni siquiera confiar en que suceda. Esto último lo único que va a conseguir es retrasar la llegada de la luz. No solo va a tardar más, sino que además se nos va a hacer más largo.

Normalmente, no somos capaces de aprovechar la extraordinaria información que se encuentra en la oscuridad igual que en la noche, que ofrece el maravilloso espectáculo de las estrellas, la luna… y una inmensa belleza. Es esa sombra de la que hablamos anteriormente.

Aprovecha esos momentos porque se pueden mágicos.

Todas las mujeres con las que trabajo durante un tiempo, sea cual sea el resultado, siempre coinciden en que, para hacer el trabajo de búsqueda, nos toca asumir la responsabilidad de encontrar el verdadero origen de lo que nos ocurre, a fin de resolver los obstáculos que se nos han puesto en el camino para ser madres. Esta actitud la mejor oportunidad de su vida para cambiar en ellas lo que siempre quisieron sanar.

Debemos tomar conciencia de que para tener un hijo previamente es necesario construir la madre más sana, consciente y responsable que cualquier hijo se merece. Esto te hará disfrutar y aprovechar el proceso.

Pon a tu servicio esta barrera que ha levantado la vida en tu camino porque está para algo, aunque ahora no lo entiendas; incluso puede que leer esto te provoque rechazo, o que te parezca una tontería o algo injusto e imposible de disfrutar.

Estás viviendo la mayor oportunidad para convertirte en otra mujer y crear tu propia nueva vida, que es la primera que tienes que crear.

Algunas aseguran: «No…, pero si todo está bien, si a mí mi vida me gusta, si el único problema que tengo es que no me quedo embarazada o que no puedo ser madre,,.». Lo siento, pero estoy segura de que hay otros problemas aunque no los conozcas conscientemente; y es tu responsabilidad investigar.

Es cierto que a veces tenemos que estar un poco «encerradas en esa oscuridad», dentro, en letargo, en contacto con nuestro mundo interior, para descubrir cosas. Pero hay que mantener la certeza y albergar la esperanza de que va a amanecer.

Mi experiencia me dice que hay que pasar por esa oscuridad, porque si no, ni oscurece del todo, ni llega a amanecer. Y nunca brilla el sol.

Recuerda que para ver amanecer en todo su esplendor, hay que pasar por el instante más oscuro, que es justamente antes.

Así que cuando te encuentres en la situación de tirar la toalla, no olvides que estás a un solo paso de ver la luz.

6.2. Capacidad y recursos

¿Quién no ha dicho alguna vez «No soy capaz, no voy a poder»… en infinidad de situaciones, y en la de ser mamá… también? Dudas, dudas de ti, dudas de la vida, del futuro… dudas de todo.

En este capítulo vamos a sustituir tanta duda por seguridad y poder.

Escribe en una hoja cuáles son tus recursos actuales. Los que creas y conozcas a nivel consciente (la paciencia, la bondad, la alegría, lo que quieras). ¿Sabes que cuentas con estos recursos en los momentos de oscuridad?

Este es un buen ejercicio de autoconocimiento, porque habitualmente no solemos hacer esa reflexión ni nos preguntamos qué capacidades tenemos, no sabemos cuáles son nuestros recursos. Aunque sí solemos decirnos los defectos, lo que hacemos mal, lo que nos da vergüenza, etc.

El caso es que parece que no queremos ver la sombra, pero siempre estamos más enfocadas en ella y prestándole mayor atención.

Intenta volver la vista atrás hacia esos momentos difíciles en los que has pasado por esa profunda oscuridad. Cuando has estado ahí, ¿qué has descubierto de ti?, ¿qué tenías?, ¿qué pensabas que no tenías? Solo cuando nos vemos al límite, somos conscientes de nuestras capacidades, de habilidades que desconocíamos, de dolores (físicos o emocionales) que no sabíamos que podíamos aguantar, de situaciones por las que no teníamos ni idea de que seríamos capaces de pasar…, recursos que salen de la nada.

Una vez vi un ejemplo de esto en un famoso programa de entrevistas en la televisión, en aquella ocasión dedicado al miedo. Entrevistaban a una persona que contaba su experiencia al ser secuestrado por la Yihad. Y cuando le preguntaron qué había sentido, contestó que se había dado cuenta de que disponía de muchísimos más recursos de los que pensaba. Esto también te pasa a ti: tienes mucha más fuerza, mucho más poder de lo que piensas. Lo peor (o lo mejor) del ser humano es que no es consciente de ello hasta esos momentos de máxima oscuridad.

Apunta esos detalles cuando elabores tu lista (quizás sea necesario que retomes momentos muy difíciles): la positividad, la fuerza, la imaginación…, lo que sea. Vas a ver lo que descubres con esta reflexión. También te ayudará recordar lo que has podido darles a otros en algunos momentos de profunda oscuridad para ellos. Porque tal vez seas dura contigo misma, y sin embargo ofreces apoyo, cariño, tiempo, escucha… a los demás. Ahí también encontrarás recursos, porque si los tienes para otros, puedes dártelos a ti misma.

Tuve la oportunidad de comprobarlo haciendo este ejercicio: muchas de las personas que recurren a mí para que les ayude me reiteran su profundo agradecimiento porque les he dado… Entonces me dije: «¡Eso mismo me lo puedo dar a mí misma!». ¡Y así fue! Prueba a hacerlo; la sensación es más que satisfactoria.

Todos contamos con recursos y poderes; de lo contrario, no estaríamos vivos. Otra cosa es que se nos hayan olvidado, pero tenerlos, los tenemos seguro, y hay que empezar por alguno. También de los momentos buenos podemos sacar recursos, esos de los que cuando no estamos bien no nos acordamos.

Haz esa lista y úsalos, pues te darán el poder para todo en la vida, son tus herramientas (de expresarte, de pedir ayuda, de llorar, de encerrarte, de recibir, de salir, de alegrarte, de generar confianza, de despertar escucha, de buscar soluciones, etc.).

Piensa además en lo que das, no solo en lo que recibes, pues eso también puede ponerte en contacto con una capacidad. Basta con que la hayas utilizado una sola vez para saber que la tienes. Y es importante que lo sepas para tirar de ellas en los momentos difíciles.

Cuando las encuentres, simbolízalas en un trocito de papel y cuélgalas por todas partes, en tu casa o el trabajo, no importa, donde quieras. Llena tu hogar, tu cartera, tu vida, con estos papeles, que sea lo que más ves ¿Qué cambiaría si hicieras eso?

Allá adonde lleves escrita la lista, es fundamental que la hagas crecer y que de vez en cuando le eches un vistazo para revisarla y mejorarla.

Ahora haremos un ejercicio para que en adelante surjan más recursos.

6.3. Ejercicio
«Libera y siente tus capacidades»

Concédete unos minutos en los que nada te distraiga.

El ejercicio consiste en colocar las dos manos con las palmas hacia arriba, como esperando recibir algo, en una postura más o menos cómoda. Intenta que no estén del todo apoyadas, aunque te canses un poquito, que puedas sentir bien lo que pasa o lo que tienes en ellas.

En esa postura, respira profundamente. Céntrate en el aquí y en el ahora durante un par de minutos para empezar a hacerlo de forma relajada, como al comienzo de cada capítulo.

Vas a pensar en una experiencia muy positiva, <u>muy poderosa y segura</u>, que hayas tenido en la vida, de cualquier índole. La primera que surja. La vas a mirar. Dónde estabas, con quién, qué ocurre, qué ves cuando estás viviendo eso. Pon en marcha tus cinco sentidos, lo que oyes, lo que dices, si estás en silencio o no, lo que sientes, etc. Amplifícala, tratando de hacer crecer todo lo que ocurre en esa situación tan favorable y tan poderosa de tu vida. Toda esa experiencia y todos los sentimientos que vayan surgiendo de ella (que serán positivos, y más concretamente de poder, de sentirte empoderada, con alegría o de lo que vaya acompañada esa situación) los vas a poner en la mano derecha.

Observa que puedes sentirlos en tu palma derecha.

Deja que se vayan acoplando en tu mano derecha.

Ahora vas a irte a una situación en la que te hayas sentido muy, muy orgullosa de ti. Busca bien —todos nos hemos sentido orgullosos de nosotros mismos en algún momento—, o busca alguna situación en la que te has sentido muy orgullosa de otra persona. La capacidad de enorgullecernos es la misma, no importa de quién. Mírala con todos los sentidos, respira hondo, llénate de ese orgullo, fíjate en lo que oyes, en lo que ves, en lo que ocurre, en lo que sientes... Añade intensidad a esa sensación de orgullo y ponla en la mano derecha, en la palma donde estaba la experiencia anterior, y súmala a esta, hasta que puedas sentirla más llena.

A continuación, recupera una experiencia en la que hayas tenido un sentimiento muy intenso de amor y te hayas dado cuenta de tu capacidad de amar. Será un instante en tu vida en el que lo has sentido, pero comprobarás que hay muchos más. En cualquier caso, céntrate solo en uno para hacer el ejercicio. Busca ese sentimiento y capacidad de amar.

Si has sentido ese amor profundo una vez, es que cuentas con esa capacidad, ya no lo puedes dudar. Respira profundamente ese instante. Observa qué ves, qué oyes, qué sientes, qué tocas, qué hueles. Observa cómo crece tu corazón, cómo se hace más grande, y cuánto eres capaz de amar. Una vez lo tengas presente, deja que también repose sobre tu mano derecha, a la vez que eres consciente de que todo eso, latente en ti, por fin se libera.

Deja que se funda con otra situación en la que has sentido una alegría loca, en la que te reías sin reparos y te sentías hasta un poco frívola o avergonzada de tanto reír. Repara en esa capacidad que tienes de reírte rozando la locura de la irracionalidad. Todo el mundo se ha reído a carcajadas en algún momento, hasta el punto de tener que cruzar las piernas para no hacerse pis. A todos nos ha dado un ataque de risa, a medio camino hacia el llanto. Tú también puedes volverte loca de la risa y olvidar incluso por qué te ríes. Pero eso es lo de menos, lo importante es tu capacidad para hacerlo.

Coloca todo en la mano derecha y advierte tu capacidad para cambiar de estado, para encontrar un recurso...

También tienes una gran capacidad de cambio.

Te aconsejo que sigas así con unas cuantas capacidades más. Identifica asimismo una situación en la que te hayas encontrado viviendo algo con mucha tranquilidad, con mucha paciencia, con una gran sorpresa, con curiosidad; por ejemplo, descubriendo un sitio por primera vez o con otras capacidades que desearías tener y crees que no tienes. Mira qué ves, qué oyes, qué sientes... y amplifícala. Respira profundamente y deposita esta otra capacidad en la mano derecha.

Pesa mucho todo eso en tu mano, ¿verdad? Tantos recursos y capacidades... Ya casi no puedes sujetarlo. Fíjate: tiene un tacto, forma, tamaño, peso, color... Palpa su textura y ponle un color, el primero que te venga.

Después, deja que toda esa bola de experiencias, emociones y sobre todo de capacidades te hable. Déjala que te dé una palabra. Acércate la mano al oído, como si pudieras escuchar su mensaje.

Escúchalo, abrázalo, acógelo, pásalo por todo tu cuerpo: por tu cabeza, por tu corazón, por tu pecho. Como si pudieras bañarte con ello. Tómate tu tiempo y permítete sentir.

Luego, cierra fuerte el puño de esa mano derecha, y levántalo victoriosa y declara: «Esto es mío, mío y solo mío; yo lo he vivido, yo lo he sentido, yo lo tengo».

Respira profundamente mientras repites tu declaración. Coge aire por la nariz y suéltalo por la boca, a la vez que relajas la mandíbula y todo el cuerpo con la fuerza del puño.

A continuación, afloja el puño y deja que todo eso se esparza a tu alrededor, como si te abrazara, como si te diera la vuelta al cuello igual que un pañuelo de seda, como si a partir de hoy pudiera ir siempre contigo sin que tú tengas nada más que hacer, aparte de disfrutar de tus sensaciones, que podrás experimentar siempre que quieras.

Te aconsejo que termines el ejercicio escribiendo en tu lista alguna de esas capacidades que has descubierto y que sabes que tienes, para completarla un poquito más. Y si lo deseas, puedes repetirlo con otras situaciones que hayas vivido.

Si elaboras un listado de capacidades que te gustaría poseer e intentas revivir alguna situación en la que has demostrado tenerla, casi seguro que, para tu sorpresa, la encuentras. Esto quiere decir que si lo has vivido una vez, gozas de esa capacidad. Abrázate a ella o a ellas una vez acabado el ejercicio. Es algo que el cuerpo, cuando lo puede sentir —a nivel mental, emocional y físico—, lo entiende muy bien, sabe que lo tiene.

6.4. Ejercicio «Círculo de la excelencia»

A veces, haciendo este tipo de ejercicios algunas mujeres me dicen que no se les ocurre nada, ninguna situación, o que les vienen a la cabeza unas negativas en vez de positivas.

Porque hay personas así, que están estructuradas únicamente en negativo. Y aunque no lo creas, esto también es una solución que nuestro inconsciente ha aprendido. ¿Para qué puede servir? Para prever, para protegerse de memorias terribles, propias o de los antepasados, y esa es la forma de estar alerta y más preparado cuando verdaderamente llega lo malo. Pero la realidad es que en el día a día, esto te amarga la vida.

En este sentido, también te van a ayudar los ejercicios, porque te obligas a buscar, a ser consciente de que has vivido y sentido eso. Dispones de recursos muy positivos y te ayudará a liberar la negatividad. Además, si los repites, se convertirán en un buen hábito.

Vamos a dar un paso más para mejorar con nuestros propios recursos. Lo haremos a través de un ejercicio que conviene reforzar de vez en cuando. Tendrás un nuevo elemento del que echar mano más conscientemente cuando debas enfrentarte a cualquier situación.

Este ejercicio lo vas a hacer de pie.

Elige un espacio amplio y sin obstáculos, especialmente por delante. Apoya bien los pies, colócate en una postura cómoda, en tu centro de gravedad, suelta el cuerpo, respira, conecta y cierra los ojos.

Imagina un círculo dibujado en el suelo delante de ti. Visualízalo y ponle un color, el primero que se te ocurra. Ese círculo va a ir siempre contigo a partir de hoy. Puedes ser consciente o no. A veces te olvidarás, otras te acordarás. Lo cierto es que estará presente allá adonde vayas: a comprar, a trabajar, a caminar, a un curso, en casa, en el coche, en el avión, en el tren, en las escaleras, en el ascensor... siempre frente a ti.

Ahí situada, recuerda una situación especialmente exitosa para ti en el ámbito que sea. Algo que dijiste, hiciste o lograste y que fue un éxito. La satisfacción es una sensación muy grande. Reproduce esa situación con todos tus sentidos, lo que había a tu alrededor, lo que podías escuchar, decir, oír, oler, tocar, sentir...

En ti se van a empezar a producir, en ese instante, esas mismas sensaciones de plenitud y de éxito; toma aire y deja que crezcan. Puede que en tu cuerpo se empiece a despertar una sensación de energía, de fuerza, de algo que se libera, que se activa. Porque tener éxito, además del agrado y del orgullo, proporciona cierta seguridad. Mientras te centras en lo que estás sintiendo ahora y sigues respirando profundamente para amplificar todas esas sensaciones, vas a adoptar una postura que se asocie al momento, quizás la que tenías entonces. Y así, mientras continúas conectada con esa vivencia y respirando, vas a poder intensificar aún más lo que sientes.

Poco a poco, con las siguientes respiraciones, asegúrate al cien por cien de la pureza de lo que estás sintiendo (seguridad, plenitud, éxito, satisfacción...); céntrate en una sensación cada vez.

Si sientes que tiene esa pureza, da un paso e introdúcete en ese círculo de la excelencia. Así vas a ir metiendo, de una en una, todas tus sensaciones en el círculo.

Observa cómo lo haces. Te puedes frotar las manos, elevar los brazos, dejarte cubrir de ese color que tenía el círculo, que ahora es tu círculo de la excelencia y que tiene un recurso que estás viviendo en su estado puro. Simplemente, métete ahí a gozar de todo eso que contiene la palabra seguridad, plenitud o satisfacción. E imprégnate de ello.

Tras disfrutarlo unos instantes, sal del círculo dando un paso atrás. Al abandonarlo, puedes llevarte contigo un solo recurso que creas que más necesitas en un estado puro. Identifica si el tuyo es de confianza, de plenitud, de satisfacción, de éxito, de seguridad…

Desde este momento, el círculo irá con ese color delante de ti a todas partes. Siempre que lo necesites, en cualquiera de las situaciones cotidianas. Si en este momento de tu vida atraviesas justo por una situación contraria (de duda, de miedo, de inseguridad) y si en ese círculo has puesto una sensación pura (por ejemplo, de completa seguridad), podrás dar un paso, meterte ahí y cargarte de esa pureza, sin que nadie se dé cuenta de nada. Inmediatamente, una parte de ti sabrá que está en contacto con esa capacidad, con ese recurso que tienes y siempre has tenido.

Ya sabes que puedes poner todos los que quieras en un mismo círculo, o crear varios círculos de diferentes colores para cada necesidad. Pero tampoco lo llenes de millones de cosas. Se necesitan entre tres y cinco estados cien por cien puros; el resto de necesidades se pueden solucionar con estos otros.

Busca una situación con una capacidad que a ti te haga falta habitualmente.

En mi caso particular, hice este ejercicio con **la seguridad** de que podía conseguir algo, y me fijé un propósito que años atrás me parecía imposible: dejar de fumar. Lo había intentado durante mucho tiempo, pero un día fue el definitivo. Adopté medidas que no había usado antes y me funcionaron. Tenía la certeza, lo conseguí, y después de meses y años volví a la satisfacción de haberlo conseguido. Así que tenía muy clara la seguridad de poder alcanzarlo, asociada a unos instantes concretos, y esos son los que utilicé. Después tracé mi círculo de la excelencia en la capacidad de lograrlo, en la seguridad de que lo conseguiría, y cada vez que pensaba en mi objetivo —a veces en mis relaciones sexuales, cuando veía una tienda de bebés o iba al ginecólogo—, me hacía consciente de mi círculo y allí me metía dando un paso, y podía percibir esa seguridad y esa certeza. Hasta que un día así fue, y hoy es un nuevo recurso.

Cuando tengas identificada tu necesidad, busca una experiencia en la que hayas podido vivir todo eso en plenitud. En ocasiones, para encontrar el cien por cien de ese estado, dentro de una vivencia más larga, debes buscar un instante preciso, y en ese instante, siempre es cien por cien puro. En ese momento, respira profundamente, mira lo que ocurre a tu alrededor, qué sientes, qué oyes, qué ves. Respira profundamente cuando lo puedas sentir, pues a través de la respiración, cada una de tus células se entera, se da cuenta, lo graba, lo instala en tu cuerpo. En cuanto notes que eso ocurre, avanza un paso y vuelve a meterlo en ese círculo de excelencia. Si necesitas cambiar de postura como antes, para que pueda surgir ese estado con mayor pureza, con mayor intensidad, adopta la que asocies a ese momento. Luego, da un paso adelante y ponlo en el círculo. Dentro del círculo, déjate cargar de ese color, y ya está.

Puedes probar a salir del círculo y a entrar en él, a mirar la excelencia, lo que sientes, lo que sucede. Lo puedes ir haciendo crecer, puedes ir generando un montón de estados puros y metiéndolos en el círculo. Llegará un día en que delante de ti haya siempre un círculo de la excelencia lleno de recursos superpoderosos, de capacidades que conoces conscientemente que tendrás liberadas. Bastará con que des un paso adelante para ponerte en contacto con todas ellas o con alguna de las que necesites. Por eso, te aconsejo que lo recargues, que lo rellenes y que lo hagas crecer.

¡Enhorabuena por tu círculo! ¡¡¡EXCELENTE!!!

6.5. La mejor versión de ti

Y ahora de nuevo, mira la última imagen de esa mejor versión de ti misma.

Recuerda que tienes todas las herramientas, todos los superpoderes, todos los programas de edición… Eres escultora, pintora, creativa. Con todas esas herramientas que conoces e incluso con las que no conoces o crees que son imposibles, elimina todo aquello que no quieres, que no te gusta. Elimina todas esas palabras y esas frases negativas. Mira qué pasa cuando creas tu mejor versión al incluir un montón de capacidades, al meter la mejor versión de ti misma en ese círculo, al cargarla de recursos y de poderes. Puedes liberar en ella todas las capacidades como quieras. Vuélvete loca haciéndolo, ahí no hay límites. Hazlo con tus manos, con tus palabras. Como si tuvieras magia, sacando de la chistera los cambios que desees con tan solo aplicar la varita mágica.

Deja que eso tenga efecto en la imagen. Observa qué cambios ocurren. Se ve cómo cambia el gesto, el cuerpo, la vestimenta. Deja que se haga, pero tú también puedes hacer, intervenir, cambiar. Es la imaginación, ahí no hay límites.

Es la mejor versión de ti y puedes crearla como tú quieras. No necesitas que sea real ni que te la creas. Haz todos los cambios que necesites. Tómate unos minutos para ello, disfruta viendo esa imagen, observa qué ocurre, qué cambia, qué sientes cuando la ves, cómo ha ido cambiando desde que la creaste por primera vez.

Sobre todo, asegúrate de que sea una mejor versión de ti que cuando miras te hace sentir muy orgullosa, te hace sonreír, te hace confiar. Como el que contempla una obra de arte que no nos cansaríamos de mirar. Observa qué es eso que se va generando en ti, cuando puedes mirar esa mejor versión que a partir de hoy lleva ese círculo de la excelencia delante. Y a disfrutar de sentir todo eso.

Te recomiendo que en los próximos días traigas esa imagen a tu memoria, a tu imaginación, aunque sea un segundo, y la contemples y dejes que te saque una sonrisa o alguna de esas sensaciones o capacidades de las que dispones. Déjate sentir y crecer.

Haz una imagen de ti ahora, la que sea.
¿Cómo te ves?
Cuando la tengas bien creada, con todo detalle, empieza
a ELIMINAR lo negativo, cámbialo a tu gusto, sin límites,
mejorando la imagen física, las habilidades, los puntos
fuertes...
Haz cambios supermotivadores, vuélvete LOCA.
Ve cambiando y haciendo ajustes hasta que sea la mejor
obra de tu vida.

LA MEJOR VERSIÓN DE TI MISMA,

**¡ACEPTANDO y CRECIENDO!
¡DICIÉNDOTE SÍ, HABLÁNDOTE BIEN, CON
RESPETO, SIN VERGÜENZA NI FALSA
HUMILDAD, SIN JUICIO,
SIN VICTIMISMO Y SIN DRAMA,
CON PERDÓN, CON LA SEGURIDAD Y TODAS
TUS CAPACIDADES EN EL CÍRCULO DE LA
EXCELENCIA!**

Las cosas no cambian porque queramos eliminarlas, no desaparecen; se trata de sustituirlas. Para quitarte el miedo, necesitas instalar certeza, seguridad y confianza, y en el capítulo 7 encontrarás herramientas prácticas para hacerlo.

Con el paso del tiempo y los intentos fallidos, la frustración, la tristeza, el miedo, el dolor, la amargura, la envidia, la obsesión y la ansiedad de la espera generan justamente un nuevo bloqueo en ti que aleja el resultado que deseas, así que es vital que recuperes todas las capacidades y recursos de antes, incluso los que habías olvidado que tenías.

Recuerda que utilizando las herramientas del capítulo anterior puedes obtener todo aquello que necesites: la tranquilidad, la ilusión, el apoyo, etc.

Así que haz la reflexión que corresponde y apunta: ¿cuáles son los RECURSOS y las capacidades que has liberado? ¿Qué es eso que ahora te acompaña en tu círculo de la excelencia?

Ten en cuenta que por lo general tu problema no es físico, sino de otro tipo, y puedes intentar justificarlo, ocultarlo o negarlo, pero está en ti y ahora dispones de todos los mecanismos para descubrirlo y cambiarlo.

Concédete el regalo de ponerte en contacto con tu cuerpo plenamente, con momentos placenteros. La vida es un lugar agradable.

«No es tan importante ser fuerte, sino sentirse fuerte. Siente tu capacidad, sea cual sea la que necesitas, la tienes».

CAPÍTULO 7

VALOR, CONFIANZA Y MIEDO

Valor, confianza y miedo

Instante práctico: Aquí y Ahora

Respira profundo, cierra los ojos si es posible, vuelve la mirada hacia tu interior, percibe las sensaciones y la vida que hay dentro de ti, no fuera. Al prestar atención a esto, ya está más presente y más en contacto contigo misma, ya lo has conseguido.

Ahora conecta contigo y con este instante al cien por cien, porque a lo mejor hay una parte de ti que no está aquí, sino en el pasado o en el futuro. Para ello, respira profundamente por la nariz o por la boca, como mínimo tres veces. Cada vez que inhalas te traes todas y cada una de tus partes al momento presente, así como tus pensamientos, a todos tus seres, todas tus capas y todos tus yoes, sintiendo que progresivamente estás más conectada con el aquí y el ahora. Y cada vez que expulsas aire, dejas ir, sueltas, abres un paréntesis, abandonas cualquier cosa que has dejado fuera de este instante en el que estás leyendo y practicando para ti.

Cuando trabajes contigo misma, acostúmbrate a apartar todo lo que hay ahí (problemas, no problemas, la risa, lo bueno, lo malo, el tráfico, el trabajo, el ruido…). Solo al conectar con la respiración podrás empezar a sentirse físicamente, con el hecho de respirar y sentir el aire que entra, que se aposenta, que se instala en sí mismo y se llena de sí mismo. Es ese instante aquí y ahora en el que se crea la magia de dedicarte a ti exclusivamente donde existe la posibilidad de reconectar y desarrollar esta gran capacidad de crear que tienes y que en el algún momento has ido perdiendo, olvidando, desconectando.

Procura buscar este instante muchas veces al día, haz que forme parte de tu vida.

7.1. La frase

En este capítulo la reflexión es...

> **«TODOS TENEMOS DOS CUMPLEAÑOS: UNO EN EL QUE NACEMOS Y OTRO EN EL QUE NOS DEJAMOS NACER».**

Celebrarás tu segundo cumpleaños cuando decidas Re-Nacer. ¿Sabes que puedes hacerlo?

¿Qué te sugiere la frase? ¿Qué pasa cuando la lees, qué surge en tus pensamientos, en tus emociones?

¿Te acuerdas de cuál era la primera frase?

Se refería a que si no creces y te estancas... decreces. En realidad, no es posible estancarse, quedarse siempre igual. Si no estás creciendo, estás muriendo. No decidir es imposible; siempre estás decidiendo, incluso cuando no haces nada, porque has tomado la decisión de no actuar. El caso es que siempre estas en movimiento. La pregunta es: ¿qué movimiento estás haciendo?

Hoy puedes poner en marcha uno realmente nuevo, que marque el inicio de tu nueva vida.

Hoy, apunta la fecha.

Todos tenemos poderes. Y hay quien ha desarrollado o potenciado alguno de ellos, a modo de talento innato. Pero el verdadero poder consiste en ser una misma.

Algunas mujeres no se han permitido nunca ser ellas mismas, y desde que nacieron se han pasado la vida haciendo grandes esfuerzos para ser otra que los demás esperan. Entonces, lo que necesitan es volver a dejarse nacer.

No se trata solamente del sentido que les damos a las cosas, sino de permitirnos ser, mostrarnos, existir, hacer…, todo con las virtudes y los defectos, con las cualidades que nos potencian, con aquellas de las que carecemos, y siempre cien por cien natural.

Yo, que observo y escucho con atención a las mujeres que me piden ayuda o consejo, me doy cuenta de que los pequeños detalles lo cambian todo. El simple hecho de decir «no me dejo nacer» ya es un cambio, porque normalmente «la gente nos deja», «es el otro el que nos lo permite». Pero cuando soy yo la que no me lo permito, tengo el poder. Y el poder se puede utilizar como cada una quiera. El hecho de tenerlo tú y ser responsable de ello, ya te da un poder. Como es tuyo, lo puedes usar como prefieras. Ahora vamos a intentar utilizarlo a tu favor, claro.

7.2. El círculo vicioso

Todo lo que te cuento en este libro sirve (o al menos eso pretendo) para que las cosas cambien en tu estructura sin que ni siquiera te des cuenta. De hecho, tras realizar los ejercicios propuestos hasta aquí, seguro que ya se han producido cambios, aunque no seas consciente de ellos.

En el fondo, la vida es una espiral; parece un círculo, pero no lo es.

Muchas veces creemos que nos movemos en un círculo, que vamos evolucionando de forma positiva y que acabamos en el mismo lugar donde empezamos. Pero es imposible estar en el mismo sitio. Tenemos un mecanismo inconsciente que toma las decisiones de quedarse en algo, de trascenderlo, de mejorarlo, de darle otro sentido… Ese mecanismo comprueba y cambia. Mientras no hay cambios, permanece como en pausa, especialmente durante un conflicto, dure el tiempo que dure. Pero el día que de cualquiera de las formas, trabajamos con esto, ya no se puede quedar igual. En el momento en que practicamos algún cambio, el inconsciente nos pone a prueba para averiguar si ha sido útil. Porque de otra manera, ¿cómo vamos a comprobar si este nuevo aprendizaje es bueno o no?

Yo tenía fobia a la sangre. Y tuve que trabajar para superarla. El mismo método que funcionó conmigo lo aplico ahora con otras personas que me visitan, y algunas me cuentan, por ejemplo, que después de la consulta se han encontrado con un accidente en el que una de las personas sangraba; o que al llegar a casa se les ha caído un vaso y se han cortado un dedo, etc. Me comentan que no se han desmayado en ninguna de las ocasiones, pero se sorprenden de haberse encontrado con semejantes pruebas. Esto es lo que hace el inconsciente; aunque pueda parecer increíble, COMPRUEBA SIEMPRE.

¿Cómo lo hace? Solo tiene una forma, y es volver a vivir las mismas situaciones. Por tanto, no vamos en un círculo, sino en una espiral. Con lo nuevo que ha aprendido, da una vuelta hasta situarse frente a la situación similar (a cierta distancia); y si algo ha cambiado, entonces ya no podemos volver a hacer lo mismo nunca más.

Por lo general, cuando realizamos trabajos de este tipo, ha variado el sentido que le damos, nuestra forma de interpretarlo, cómo nos afecta, cómo lo gestionamos.

Así pues, cada vez que trabajes algo y te lo encuentres, tenlo en cuenta; si no, no sabrás si algo ha cambiado. De hecho, en ocasiones se da incluso más acentuado, para que tengas una mejor oportunidad de comprobarlo.

Por eso es importante que seas consciente de algunos cambios o que permanezcas atenta a cuáles son. No es posible trabajar exclusivamente en ti para mejorar la fertilidad, sino que hay que transformar valores, pensamientos y emociones globales para que dentro de esa nueva estructura, la fertilidad sea una consecuencia más del cambio inevitable. Como te decía, los ejercicios que hacemos trabajan con una estructura, así que hay un cambio sí o sí.

Si no nos damos cuenta, no vamos a poder integrarlo de la misma forma o mantenerlo como solución, que si tomamos conciencia. Esto no quiere decir que no haya cambios, sino que cuando somos conscientes de ellos, se vuelven mucho más estables.

Un día, vino a consultarme una mujer con una problemática muy concreta. A las pocas semanas de habernos visto, me confesó que seguía igual, o incluso más perdida que nunca. Le pedí que lo escribiese en un papel, cómo era antes el problema y como es ahora, y finalmente admitió que ya no era lo mismo, que era diferente, y que había cambiado tanto que le estaba dando miedo... Esto es muy importante. Tenemos que darnos cuenta del cambio, y si nos da miedo, lo hacemos con miedo, de manera que el cambio no se integra y volvemos a tener la idea de que todo sigue igual, porque eso nos da la tranquilidad de seguir en el confort de lo conocido, y aunque a veces sea terrible, no aceptamos el cambio.

Recuerdo el miedo que me invadió cuando me enteré de que estaba embarazada por cuarta vez. Temía que de nuevo ocurriese lo mismo, que nada de lo que había hecho me sirviese y que, como las tres veces anteriores, abortase.

Lo soñaba, lo pensaba, lo veía, lo tenía cada vez que iba al baño… Y de repente me di cuenta de que la vida me estaba haciendo pasar por lo mismo que antes y que era mi toma de conciencia y mis nuevas herramientas las que me podían permitir vivirlo de manera diferente. Efectivamente, así fue: nunca más se repitió la historia y tuve la oportunidad de vivir muchas cosas de forma distinta y sobre todo sin miedo.

En la vida, hay que pararse a pensar de vez en cuando.

Te animo a que hagas esa reflexión, es buena: ¿estoy en un círculo vicioso o en una espiral?

Y en esta espiral, ¿cuántas veces he pasado por el mismo sitio? ¿Qué ha cambiado? ¿Acepto el cambio? ¿Puedo vivir esto de manera diferente? ¿Puedo trascender el miedo?

Te daré un recurso para que puedas vivir de nuevo, renacer y revivir cualquier situación de manera diferente.
Pero antes, tratemos el miedo.

7.3. El miedo

Creo que una de las patas que siempre se tambalean en la base de nuestro poder creador es la confianza, la seguridad y la certeza que nos faltan cuando se apodera de nosotras el miedo.

Sé que el miedo surge en ti en multitud de ocasiones en la vida, pero cuando estamos buscando un hijo que no llega, el miedo se convierte un algo muy fuerte, el miedo a no ser nunca madre, el miedo a no cumplir tu sueño, el miedo a envejecer junto al que hoy es tu pareja sin poder formar una familia, sin darle y daros hijos, sin poder dar esa cariñosa enseñanza, ese amor incondicional que deseas ofrecer como madre.

Y cuando nos hemos quedado embarazadas y hemos perdido el bebé, el miedo a una nueva pérdida es tan grande que incluso puede bloquear un nuevo embarazo para evitar el sufrimiento de otro (potencial) aborto, y así entramos en un bucle en el que el miedo crece sin parar.

El miedo intensifica cualquier emoción, es decir, que el miedo a X es mucho peor que X, el miedo a que ocurra algo siempre es mucho peor y más intenso para nuestro inconsciente que el hecho de que ocurra en sí en la realidad. Si te das cuenta, a veces nos asusta contraer una determinada enfermedad, pero luego al ver a personas que pasan por ella comprobamos que disponen de herramientas para hacerle frente y que actúan sobre el problema en sí mismo. Lo consiguen con positividad, porque tener miedo es mucho más intenso y paralizante. Además, es incontrolable, y no logramos eliminarlo porque tememos algo que tal vez ocurra en el futuro pero que no está sucediendo ahora, de modo que no hay posibilidad de hacer nada al respecto.

El miedo está en el futuro y ocurre porque lo hemos aprendido en nuestra niñez, en nuestro nacimiento, en hechos vividos recientemente… o porque lo hemos heredado, pero de una u otra manera es un espejo que refleja en el futuro algo que hemos conocido en el pasado.

Es imprescindible que sepas cómo funciona e identifiques lo que te está ocurriendo para poder desactivarlo, ya que si continúas en el bucle del miedo, vas a sentirte cada día más desbordada por ese temor intenso, que te debilitará hasta agotarte psíquica y físicamente y te desconectará aún más de tu poder creador.

Quizá tienes miedo a no conseguir algo que no has conseguido, a perder algo que perdiste, a sufrir algo que ya sufriste… por eso conviene que entiendas este efecto espejo, ya que de lo contrario aumentará tu predisposición negativa hacia el futuro.

La buena noticia es que igual que lo aprendiste lo puedes desaprender.

En primer lugar, párate a pensar y apunta cuál es tu miedo (o cuáles son); deja que te retrotraiga al momento en el que se originó. Después, te aconsejo que practiques el ejercicio 2D-3D de *Las leyes de la fertilidad,* para enfocar con perspectiva esta situación y mantener un diálogo de escucha y entendimiento con esa parte de ti que está asustada. Lo está por alguna razón, pero lo cierto es que hoy te bloquea más que ayudarte a conseguir tu objetivo.

A continuación, pon en práctica el siguiente ejercicio con cada uno de los miedos en concreto, y a partir de ahí, haz todo lo que sea aunque sea con miedo.

7.4. Ejercicio «Transforma tus miedos»

Toma aire profunda y lentamente hacia tu abdomen, luego exhala lo más rápido que puedas.

Repite: toma aire lentamente, y luego suéltalo lo más rápido que puedas.

Y una vez más, inhala despacio, despacio...; luego exhala rápidamente.

Ahora continúa respirando a tu propio ritmo.

Escanea tu cuerpo desde la cabeza hasta los dedos de los pies, para encontrar el miedo. Busca uno en concreto (el miedo en general no existe). Si no lo encuentras, lee uno de los de tu lista y escanea tu cuerpo de nuevo.

Una vez encuentres miedo en tu cuerpo, simplemente obsérvalo. No lo analices, solo obsérvalo. Deja que esté allí. Deja que exista. Deja que crezca y sea lo que es.

Se puede manifestar en una incomodidad física, como un nudo, un dolor, una energía localizada; o a través de un pensamiento o una memoria; o simplemente puede ser la emoción del miedo.

Solo míralo.
Obsérvalo.
Siéntelo.
Deja que esté aquí.
Y dile: «Miedo, eres bienvenido aquí».

Te doy la bienvenida aquí.
Dale la bienvenida y permite que crezca.
Permite que se haga cada vez más grande.
Permite que crezca y crezca… lo más grande que le sea posible.
Deja que sea lo más grande que pueda ser.

Permite que el miedo se exprese para ti, pero no analices.

Permite que venga lo que sea. Nada más.
Aunque sean palabras, pensamientos, memorias…
Rastréalo si se transforma en otra emoción, o si cambia su localización en el cuerpo.

Sin importar en lo que se convierta, dale la bienvenida a la nueva expresión. «Pensamiento, eres bienvenido aquí. Emoción, eres bienvenida aquí. Palabras, memorias, miedo… sois bienvenidos aquí».
Eres bienvenido aquí.

Míralo. Obsérvalo.

Ahora, permítete acercarte y abrazar el miedo en cualquier expresión que este haya escogido.

Dale Amor y Luz y permite que exista.

Muéstrale tu agradecimiento por cualquiera que haya sido el trabajo que tenía para ti, y por estar contigo durante tanto tiempo.

Después, suéltalo y entrégalo al Universo. Permite que vaya libre hacia su fuente.

Luego, respira hondo.

Mientras inhalas, aspira Amor y Luz. Y cuando exhales, deja que esa Luz y ese Amor ocupen el espacio donde solía estar el miedo.

A continuación, respira despacio y profundamente, inhalando Luz y Amor. Y cuando exhales, permite que la Luz y el Amor se extiendan por todo tu cuerpo y fuera hacia tu entorno.

Por último, escanea otra vez tu cuerpo desde la cabeza hasta los dedos de los pies para ver si ha quedado algo de este miedo. Si es así, repite el ejercicio inmediatamente.

Si no, puedes usar tu lista para repetir el ejercicio con otro miedo, o terminar abriendo los ojos y estirando bien el cuerpo.

Practica este ejercicio a diario hasta que no tengas más miedo en tu vida.

¡¡¡Es el momento de incorporar nuevos recursos que nos aporten valor y confianza!!!

7.5. Ejercicio «El valor»

Te explico cómo realizar este ejercicio, pero si quieres dejarte guiar para centrarte más en la práctica, ya sabes que puedes escucharlo, con detalle y paso a paso, en el curso «Recupera tu poder creador».

Coge una hoja de papel y divídela en siete partes, para poner en cada una de ellas las siguientes palabras:

- Feto / Vida fetal.
- Bebé / Lactancia.
- Niña / Infancia.
- Adolescencia.
- Juventud.
- Adulta.
- Madurez.
- Vejez / Mujer sabia.

Colócalas en el suelo, en fila, desde *feto* hasta *vejez.* Sitúate justo delante de la palabra *feto* y céntrate en ti misma. Olvídate de lo que hay alrededor, porque tú ahora estás en un entorno uterino. Y desde ese refugio te vas a formular las siguientes preguntas, que no hace falta que respondas o pongas por escrito; basta con que surjan en tu interior: «¿Cuál es tu principal necesidad, tu principal valor, en la vida intrauterina? ¿Es el amor, la seguridad, la tranquilidad, el alimento…?».

Cuando lo identifiques —no importa si ha sido satisfecho o no—, avanza un paso (o varios) hacia la siguiente etapa.

Llegarás al bebé recién nacido, o que tiene unos días o unos meses, y te darás cuenta de que en esa fase de la vida los valores se cifran en el amor, el alimento o la protección.

Más adelante, superado ese estadio inicial, alcanzarás la infancia. ¿Cuál es ahí el valor necesario? Probablemente, el cariño, el juego, el conocimiento del mundo...

Sean esos u otros, una vez los hayas definido saltarás a la adolescencia. Reflexiona y averigua los pilares sobre los que se sostiene: la aceptación por parte del grupo, la diversión, la amistad... Indaga.

Así, paso a paso, entras ya en la juventud. Puede que te acerques a los 20 o 21 años. Has dejado atrás la adolescencia, pero aún no eres adulta. Tal vez sí demuestres cierta madurez; en cualquier caso, será la de una persona joven. Deja que te venga una imagen y abstrae los principios que te guían: ¿el amor de pareja?, ¿el reconocimiento?, ¿la compañía?, ¿la inteligencia?

Fíjate: has recorrido un buen trecho, a lo largo del cual han ido cambiando tus valores. Pues ve algo más allá, hasta los 26, 28 o 30 años. Quizás tus necesidades vitales se traducen en afecto, seguridad, crecimiento personal y profesional, colaboración... Compruébalo.

Y continúas hacia delante. Te encuentras en la fase adulta. Lentamente atravesarás por etapas que aún no has conocido en tu vida física. Cuando eso ocurra, déjate sentir para ver qué idea se forma tu inconsciente de ese momento y descubre los valores que priorizas.

Siguiente parada: la madurez. Aquí tal vez los valores que predominen sean la tranquilidad, la paciencia, la educación, la inteligencia, el éxito... Analízalos tú misma.

La vejez. Fin del trayecto. Todos hemos firmado un contrato, justo antes de comenzar esta línea, antes incluso de ser concebidos. Hemos venido como al que le regalan unas entradas para un parque de atracciones y disfruta de todas las que puede a lo largo del día, pero llega una hora en que el parque cierra. Ahí, en la vejez, posees la sabiduría de quien ha transitado por la vida, atesorando experiencias. Observa cuál es tu valor principal: el amor, la dedicación, la calma, el respeto... Ese por el que merece la pena mirar atrás, hacia esa línea por la que has pasado, jalonada de etapas con sus propios valores. Cumplidos todos ellos, ya es posible morir en paz.

Toma nota de ese valor al que te ha llevado toda la vida llegar, el verdaderamente importante. Porque los bebés, los niños y los adultos tienen unos valores, pero en la vejez, cuando se supone que las personas atesoramos cierta sabiduría, se descubren unos principios esenciales que si los tuviéramos y los experimentáramos antes, veríamos cubiertas todas nuestras necesidades.

En cuanto termines, regresa al comienzo de la línea con el papel y simplemente observa qué sucede en el camino de vuelta con tu valor en la mano. Haz caso a tu cuerpo y atiende a lo que sientes, a lo que cambia... Luego, situada en la línea inicial, mira hacia atrás y comprueba qué ideas te surgen, qué sensaciones físicas, qué emociones, qué conexiones, qué conclusiones...

Y entonces, decide si ese valor que has anotado es el que deseas satisfacer al final de tu vida. Si después del recorrido sigue siendo el mismo, bien; si no, escribe otro. Sin prisas.

Cógelo y no lo sueltes, pues vas a emprender de nuevo el trayecto, a tu ritmo, desde el principio hasta la meta. Para en cada una de las fases, lee el papel y déjate sentir. Permanece atenta a todo el proceso, a lo que ocurre, a lo que cambia... Recórrelo incluso una tercera vez o una cuarta. Cada pasada será un poquito más rápida que la anterior.

Puedes avanzar con los ojos cerrados o abiertos, repitiendo y reformulando: «Mi valor principal en la juventud era la protección y ahora en la sabiduría es...», «De niña, mi valor principal era la diversión y aquí mi valor es...». Como si una parte de ti le comunicara a esa etapa en la que te encuentras el valor de otra fase de tu vida.

En el último recorrido, hazte la siguiente pregunta según te detengas en cada fase: «¿Y si en esta etapa, este valor estuviera aquí, satisfecho o no, para finalmente obtener el que llevo en las manos?». Y como siempre, observa qué pasa.

Además, durante ese «viaje iniciático», habrás ido haciendo descubrimientos y tomando conciencia de muchos aprendizajes de los que abstraer una enseñanza y aplicarla en adelante. Tenlos en cuenta porque te resultarán muy útiles para practicar otros cambios en el futuro.

7.6. Ejercicio «Renacer»

Ahora es el momento de quedarte con ese último valor con el que has llegado al final de la vida, a la vejez de una mujer sabia.

¿Era bonito y satisfactorio?

Con él vamos a hacer el siguiente ejercicio, que es el de volver a nacer, pero de una manera particular, con una novedad.

Nuevamente, te recuerdo que si lo prefieres, puedes seguirlo *online*, guiada por mi voz y concentrada solo en la práctica, no en pensar ni memorizar nada, porque esto te saca del trabajo emocional e inconsciente. Por otro lado, en el curso *online* encontrarás más recursos, así como las experiencias personales de alumnos que comparten sus valores y que te ayudarán. Sea mediante el audio o la lectura, deja que esa historia a nivel visual, sensitivo, auditivo, emocional… vaya pasando en tu interior como el que vive, ve, oye o siente una película.

Ponte cómoda, sentada o tumbada, y respira suavemente. Cada vez que respiras, una parte de ti contacta cada vez más con ese valor y no sabes si va, si viene, si se instala dentro, si te rodea.

Al mismo tiempo, imagina que estás delante de una pantalla de cine y atiende a la película que se va a proyectar en ella. No es necesario que recuerdes nada real; simplemente, permite que se represente frente a ti.

La primera secuencia es la del momento en que estás a punto de nacer, algo inquietante a la vez que emocionante, tanto para el bebé —que eres tú— como para la madre. Toca abandonar la paz intrauterina y salir al exterior, lo cual produce incertidumbre, nerviosismo, miedo… Acepta cualquier emoción o sensación.

No importa cómo sea el lugar donde naces, real o metafórico; no importa si lo conoces o no. Mamá está dando a luz en la cama, en una camilla, en casa, en el hospital… da igual. Obsérvala con el bebé todavía en su vientre; fíjate en su rostro, si revela calma, dolor, ilusión, inquietud… Contempla ese instante desde tu perspectiva actual, levántate de tu butaca y participa en la acción: entra en la sala de partos para presenciar en directo tu llegada al mundo. Solo mira, siente y revive.

Cuando nazca el bebé, tendrás la oportunidad de cogerlo en tus brazos. Podrás notar el calorcito, la piel, algo completamente nuevo, pues nunca antes habías estado en contacto con ese recién nacido desde fuera. Vas a ser tú la que corte el cordón, en el instante en que lo consideres necesario, cuando lo sientas. Y le vas a permitir ser libre, independiente, autónomo. Deberás practicar una pequeña cirugía —con las mejores técnicas y, por supuesto, indolora— para instalar, en ese precioso cuerpecito, ese valor que solo llegaría a conocer al final de su vida, pero que hoy viene de serie.

Localiza un órgano, un hueso, una víscera… donde depositar el valor y utiliza unos bisturíes mágicos para la operación, como si fueras un médico celeste o espiritual. Asegúrate de que lo implantas adecuadamente, de manera que lo lleve para siempre consigo lo sepa o no, sea consciente de ello o no.

Después cierra la incisión de manera que no quede cicatriz alguna. Limpia al bebé con agua muy pura, sana y calentita. Que la sienta, que note el tacto… y que te oiga decirle, mientras la bañas, lo bonita que es. Fíjate en su reacción.

Ahora solo es necesario que crezca. No hace falta que intervengas; únicamente observa qué ocurre a medida que crece el bebé y atraviesa por la infancia, la adolescencia, la juventud, la edad adulta, la madurez y la vejez. ¿Qué cambia? ¿De qué disfruta? ¿Qué puede vivir, mejorar o satisfacer?

Además, al término de ese recorrido vital, repara en lo siguiente: que en tu presente quizás tengas instalado en tu cuerpo ese valor, ahí donde decidiste introducirlo. Así pues, atiende a cómo puede desarrollarse tu futuro cuando eres consciente de ello.

Y para tomar conciencia, respira profundamente. Deja que todo tu ser lo perciba de alguna forma. Imagina un camino, un puente, una especie de paso desde hoy hacia tu futuro en el que proyectes ese nuevo valor. Ponte las gafas de lejos y mira qué cambios se adivinan, qué posibilidades se ofrecen a la vista, cómo es el camino…

Y espera a que todo se asiente para que pueda materializarse.

7.7. La mejor versión de ti

Y ahora de nuevo, contempla la última imagen de esa mejor versión de ti misma.

Recuerda que tienes todas las herramientas, todos los superpoderes, todos los programas de edición… Eres escultora, pintora, creativa. Con todas esas herramientas que conoces e incluso con las que no conoces o crees que son imposibles, elimina todo aquello que no quieres, que no te gusta. Y añade todo aquello que has redescubierto porque ya lo tenías o ya lo sabías.

Elimina cualquier pensamiento y emoción negativas. Comprueba qué pasa cuando creas tu mejor versión al incluir un montón de capacidades, con el reconocimiento de todos tus valores, con esa parte de ti que has dejado renacer y que puede seguir renaciendo.

Vuélvete loca haciéndolo, ahí no hay límites. Hazlo con tus manos, con tus palabras. Como si tuvieras magia, sacando de la chistera los cambios que desees con tan solo aplicar la varita mágica. Introduce esos nuevos valores que has descubierto y saca todos los miedos. Mira esa versión llena de confianza. ¿Cómo es?

Deja que eso tenga efecto en la imagen. Observa qué cambios ocurren. Se ve cómo cambia el gesto, el cuerpo, la vestimenta. Deja que se haga, pero tú también puedes hacer, intervenir, cambiar. Es la imaginación, ahí no hay límites.

Es la mejor versión de ti y puedes crearla como tú quieras. No necesitas que sea real ni que te la creas. Haz todos los cambios que necesites. Tómate unos minutos para ello, disfruta viendo esa imagen, observa qué ocurre, qué cambia, qué sientes cuando la ves, cómo ha ido cambiando desde que la creaste por primera vez.

Sobre todo, asegúrate de que sea una mejor versión de ti que cuando miras te hace sentir muy orgullosa, te hace sonreír, te hace confiar. Como el que contempla una obra de arte que no nos cansaríamos de admirar. Observa qué es eso que se va generando en ti, cuando puedes mirar esa mejor versión. Y re-créate.

Haz una imagen de ti ahora, la que sea.
¿Cómo te ves?
Cuando la tengas bien creada, con todo detalle, empieza a <u>ELIMINAR lo negativo</u>, cámbialo a tu gusto, sin límites, mejorando la imagen física, las habilidades, los puntos fuertes...
Haz cambios supermotivadores, vuélvete LOCA.
Ve cambiando y haciendo ajustes hasta que sea la mejor obra de tu vida.

LA MEJOR VERSIÓN DE TI MISMA,

¡ACEPTANDO y CRECIENDO!
¡DICIÉNDOTE SÍ, HABLÁNDOTE BIEN, CON RESPETO, SIN VERGÜENZA NI FALSA HUMILDAD, SIN JUICIO, SIN VICTIMISMO Y SIN DRAMA, CON PERDÓN, CON LA SEGURIDAD Y TODAS TUS CAPACIDADES EN EL CÍRCULO DE LA EXCELENCIA!
CON CONFIANZA, VALOR Y SIN MIEDO.

Sé que después de transformar tus miedos y renacer con nuevos recursos y un nuevo valor vital, la vida se ha transformado.

¡¡Te felicito!!

¡Y te agradezco...!

Porque cada una de las mujeres que hacen esto dejarán un legado del que se beneficiará toda la humanidad. Recuerda lo que te conté al principio sobre la herencia emocional y la herencia ancestral femenina.

Estoy segura de que nuestras antepasadas están orgullosas.

Lo haces primero por ti, pero también por los que estuvieron y por los que vendrán.

«El único miedo que te debe acompañar es el miedo a no intentarlo».

Y para terminar, vas a cargarte con AMOR y aún más PODER CREADOR.

CAPÍTULO 8

MERECIMIENTO, PODER Y AMOR

Merecimiento, poder y amor

Instante práctico: Aquí y Ahora

Respira profundo, cierra los ojos si es posible, vuelve la mirada hacia tu interior, percibe las sensaciones y la vida que hay dentro de ti, no fuera. Al prestar atención a esto, ya está más presente y más en contacto contigo misma, ya lo has conseguido.

Ahora conecta contigo y con este instante al cien por cien, porque a lo mejor hay una parte de ti que no está aquí, sino en el pasado o en el futuro. Para ello, respira profundamente por la nariz o por la boca, como mínimo tres veces. Cada vez que inhalas te traes todas y cada una de tus partes al momento presente, así como tus pensamientos, a todos tus seres, todas tus capas y todos tus yoes, sintiendo que progresivamente estás más conectada con el aquí y el ahora. Y cada vez que expulsas aire, dejas ir, sueltas, abres un paréntesis, abandonas cualquier cosa que has dejado fuera de este instante en el que estás leyendo y practicando para ti.

Cuando trabajes contigo misma, acostúmbrate a apartar todo lo que hay ahí (problemas, no problemas, la risa, lo bueno, lo malo, el tráfico, el trabajo, el ruido...). Solo al conectar con la respiración podrás empezar a sentirse físicamente, con el hecho de respirar y sentir el aire que entra, que se aposenta, que se instala en sí mismo y se llena de sí mismo. Es ese instante aquí y ahora en el que se crea la magia de dedicarte a ti exclusivamente donde existe la posibilidad de reconectar y desarrollar esta gran capacidad de crear que tienes y que en el algún momento has ido perdiendo, olvidando, desconectando.

Procura buscar este instante muchas veces al día, haz que forme parte de tu vida.

8.1. La frase

Se la tomo prestada a Jorge Bucay:

> **«EL VERDADERO AMOR NO ES OTRA COSA QUE EL DESEO INEVITABLE DE AYUDAR AL OTRO PARA QUE SEA QUIEN ES».**

Y yo te pregunto: entonces, el amor a ti misma… ¿qué es?

Precisamente eso: el deseo inevitable de ayudarte a ser quien eres.

8.2. Ejercicio «Fúndete contigo»

En este ejercicio vas a entrar en contacto con tus sensaciones físicas; por ello, es importante que adoptes una postura cómoda y que respires profundamente varias veces.

Después, desconecta de todo y quédate en tu burbuja interior, que es tu mundo y que está siempre contigo. Te invito a que hagas un viaje que te servirá para trabajar con tu sombra, con esa parte oculta que no te permite conectar con toda tu potencia ni con todo tu poder creador…

En primer lugar, imagina que estás en un lugar maravilloso, ideal para ti. Puede ser algo que ya conozcas o uno que te inventes y lo recrees ahora mismo, en el mar, en la naturaleza, en tu ciudad favorita, en tu casa tranquilamente o donde quieras.

Y ahí, en una acogedora soledad, observa que tu cuerpo se acomoda, paseando, tumbada o disfrutando de un baño. Sumérgete en ti misma con los cinco sentidos durante un par de minutos.

Luego, busca una situación en la que hayas experimentado miedo, inseguridad, frustración o cualquier emoción desagradable, que no te gusta, de todas esas que has ido viendo en algún momento a lo largo del libro. Por ejemplo, una en la que sentiste que no eras capaz. Cuando la hayas encontrado, adéntrate en ella hasta que tengas alguna sensación molesta en cualquier parte de tu cuerpo; aparecerá sin que hagas nada, y podrá ser más intensa o más sutil.

Desde el momento en que empiezas a prestar atención a ese malestar, se apodera cada vez más de ti y crece. Llegado un punto en que alcance intensidad suficiente, sácalo de tu interior con un simple soplido, a la manera de los magos, y deja que se convierta en una cara, en una persona, en una figura… Quizás la imagen te resulte rara, fea, incluso difícil de mirar y no te apetezca verla, pero no importa. Es solo una proyección de todas esas sensaciones que había en tu cuerpo hasta hace un instante y que han tomado forma fuera.

Contémplala porque es parte de tu sombra; y no la juzgues, aunque tenga algo que rechazas o que no te gusta. Siéntate a su lado como si fueras a tomar un café con ella, y dile que tú eres la luz y que vais a charlar un rato para conoceros mejor, sin obligación de llegar a un acuerdo ni de reconciliaros ni de llevaros mejor, solo con la intención de compartir.

Llévatela de paseo por ese hermoso lugar donde has comenzado el ejercicio, toma aire y sincroniza tu respiración con la suya. Toma conciencia de esa separación entre ambas, entre la luz y la sombra, y dale la mano; tal vez no te parezca una buena idea, pero prueba. Mira qué pasa cuando entráis en contacto, cuando os juntáis un poco más, incluso cuando os abrazáis…

Poco a poco irás sintiendo más y más el vínculo y la unión que hay entre vosotras, porque esto es lo que os va a permitir reconocer y conoceros mejor. Donde hay luz siempre hay sombra, y si te propones completar tu ser al cien por cien con todo su poder creador y con todas sus capacidades tienes que conciliar las dos dimensiones.

En realidad, es muy fácil; se trata únicamente de que estreches y abraces tu sombra para alcanzar esa unión hasta que, casi fundiéndote, te des cuenta de que solo con ella eres un ser completo.

Y a partir de ahora, contrario a todo lo que has venido haciendo inconscientemente, en vez de rechazar esa parte, visualízala como la acabas de ver ahora, como un apoyo, pues es esa parte de ti la que te va a dar la fuerza completa y contribuirá a que aumenten tus recursos.

Te felicito, ya que por primera vez estás en contacto con la totalidad de tu ser, y por tanto, es la primera vez que puedes sentir una paz (u otra emoción) absoluta.

8.3. El amor

David Hawkins, reputado psiquiatra de Estados Unidos, descubrió que, sorprendentemente, lo que más temen las células cancerígenas es… ¡el amor! Sus estudios revelaron que muchas personas están enfermas ¡por falta de amor!

El doctor Hawkins trató a muchos pacientes en todo el mundo y afirmaba que con solo verlos ya sabía la causa de la enfermedad. Pero no le hablaban de amor, de sino del dolor, el resentimiento o la frustración que invadían sus cuerpos.

Investigando, comprobó que las personas con frecuencias de vibración (o campos magnéticos) inferiores a 200 son más propensas a enfermar. En cambio, con frecuencia de vibración superior a 200, se reduce notablemente el riesgo.

Así, por ejemplo, en las personas que se quejan, culpan, acusan y odian, la frecuencia se sitúa entre 30 o 40, porque consumen una gran cantidad de energía. Estas personas contraen con facilidad muchas enfermedades diferentes y transmiten pensamientos negativos, por lo que la carga del campo magnético que los rodea es muy baja.

Según Hawkins, el índice de vibración más alto del que fue testigo alcanzó los 700. Cuando es tan alto, puede afectar el campo magnético local. De hecho, cuando Teresa de Calcuta apareció para recoger el Premio Nobel de la Paz, la atmósfera era increíblemente buena, con elevada frecuencia de vibración, de modo que la audiencia sintió la energía y la belleza del campo magnético, que conmovió a todos.

Es tu responsabilidad revisar con quién te juntas…

David Hawkins, que analizó millones de casos y diferentes razas alrededor del mundo, llegó a la conclusión de que la respuesta era la misma: los individuos con frecuencia de vibración inferior a 200 tenían más posibilidades de enfermar que los que registraban una frecuencia superior a 200. ¿Cuáles son los pensamientos por encima de 200? Deseo de cuidar y ayudar, compasión, amor, alegría, tolerancia, etc.

Según el doctor Hawkins, la influencia del pensamiento en la salud de las personas es verdaderamente increíble. Pero por encima de todo pensamiento está el poder del amor.

Cuenta el caso del violonchelista japonés Sean, que sufrió de cáncer. Intentó combatirlo, pero se sintió cada vez peor, hasta que un día en que había perdido la esperanza de hallar una posible salida, tomó la decisión de amar las células cancerosas de su cuerpo. Interpretó el intenso dolor del cáncer como un «servicio de despertar», con bendiciones y gratitud. Y lo encontró bueno. Entonces, decidió amar la vida entera, incluyendo a todos y a todo. Transcurrido un tiempo, sus células cancerígenas desaparecieron. Más tarde, se convirtió en un conocido terapeuta en Japón que promueve el AMOR como esencia de la vida.

¿Te das cuenta de lo importante que es el amor, y que puedes y debes amarte a ti misma?

Ahora mismo estás preparada para amarte completamente, y a todos los niveles. Porque lo primero es conocerse, y tú has puesto en funcionamiento todos los mecanismos para autoconocerte. En lo mental, pensamientos y creencias de todo tipo; en lo emocional, has visto tus sombras, tus luces, tus emociones más ocultas, has aceptado partes que rechazabas; y también lo has hecho a nivel físico, al aceptar tu cuerpo, tu feminidad, tus ciclos creadores como mujer.

Míralo: tu cuerpo es un milagro, una maravilla, un regalo de la vida. Venéralo, acéptalo, acarícialo, ámalo, agradécele. Puedes mejorarlo, pero sea como sea respétalo.

Además, cuídalo, puesto que se merece lo mejor por dentro y por fuera. Pregúntate cada noche, cuando te vayas a la cama, qué has hecho ese día para cuidar tu interior, la cuna donde crecerá tu hijo. ¿Y qué has hecho para cuidar tu imagen? Valóralo también, pues verte guapa te ayudará a aumentar tu autoestima y, en consecuencia, tu sensación de poder.

¡LA VIBRACIÓN DEL AMOR LO SANA TODO!

Una buena práctica que te aconsejo para sanar tu cuerpo y conectarlo con el amor es situarte con los cinco sentidos y *revivir* (no recordar) instantes en los que hayas sentido un amor profundo, pero no en general, sino individual. Conecta con uno, revívelo y siente aquel profundo amor de entonces, expande esa emoción con tu respiración haciéndola crecer en ti hasta que te inunde el amor. Ponle un color y graba con un gesto específico lo que sientes. ESTÁS CONECTADA CON EL AMOR, ERES AMOR, y ahí no hace falta nada más.

8.4. Instalando nuevas creencias de poder y merecimiento

La biología es más poderosa que cualquier palabra, pero tienes que confiar en ella, y esto es algo que debes instalar en ti, tanto en tu mente como en tu cuerpo. Vamos a hacer un ejercicio con un cambio de creencia, una práctica que utilizo y que puedes consultar en *Las leyes de la fertilidad*.

Para instalar la creencia que necesitas, además de utilizar la palabra, la mente y el pensamiento, vas a utilizar también el físico, a fin de integrarla en todo tu ser, en el conjunto, de una manera más profunda y más estable. Te recomiendo que realices este ejercicio en un lugar tranquilo, en silencio, a solas, y mejor si lo haces delante de un espejo, donde te veas de cuerpo entero o al menos hasta la cintura; eso sería genial, porque vas a ver tu fisonomía frente a ti, y la integrarás a través del ejercicio.

Comienza tocando estos tres puntos, que será donde instales la nueva creencia: la frente, para trabajar el YO CREO (de *creer*); el pecho, para el YO QUIERO; y el bajo vientre, para el YO MEREZCO y el YO CREO (de *crear*). Y pon además toda la intención en juntar las tres partes.

Con la mano sobre tu frente, percibe tus pensamientos.

Después, baja hacia el corazón, símbolo de amor donde reside lo que realmente quieres.

Y por último, toca debajo del abdomen y siente la energía de las emociones y de la creación que lo habita.

Al tocar esos tres puntos, estarás integrando los tres aspectos mencionados, y además es como si al hacerlo declarases tu compromiso total de querer lograrlo. Posa una mano o las dos con suavidad y a la vez con firmeza, con fuerza, con seguridad…, y cuando las separes, que sea lentamente.

Vamos paso a paso…

Para empezar, formula tu creencia potenciadora y liberadora en presente de indicativo; por ejemplo: «Yo soy fértil», igual que hiciste en el ejercicio de creencias de *Las leyes de la fertilidad.*

A continuación, respira profundamente, pon las manos en la frente y repite: «YO PUEDO…». En esos puntos suspensivos, añade lo que hayas elegido, como: «YO PUEDO ser fértil». Suelta el aire y separa las manos de tu cabeza.

Vuelve a inspirar, y ahora lleva las manos al corazón. Ahí declara varias veces: «YO QUIERO ser fértil». Como antes, al soltar el aire separa las manos.

Llévalas bajo tu abdomen, respira y proclama: «YO MEREZCO ser fértil». Exhala y relaja las manos.

Repite esta rutina hasta que seas consciente de que hay una coherencia entre lo que dices, lo que piensas, lo que sientes emocional y físicamente, como si tu cuerpo pudiera hacer esto sin dudar, sin olvidar y sin pensar: «¡Ay! ¿Qué he dicho? ¿Qué he hecho? ¡Ay, no! Aquí era el "yo quiero", "yo puedo"…». Sigue los pasos siempre de arriba hacia abajo y de abajo hacia arriba. Demórate el tiempo que necesites en cada una de las tres partes, pero que haya movimiento, que haya fluidez. Y cuando eso ocurra, que el movimiento, el pensamiento y las sensaciones físicas fluyan al hacerlo, en ese momento la creencia está integrada.

Si observas algún punto en el que no puedes pasar las manos, eso quiere decir que el bloqueo está ahí. Por tanto, ponte en contacto con ese lugar, en ese paso en el que parece que dudas, que te olvidas, que te pones nerviosa... y entonces valora: «CUÁNTO LO CREO, CUÁNTO LO QUIERO, CUÁNTO LO MEREZCO. CUÁNTO LO CREO, CUÁNTO LO QUIERO, CUÁNTO LO MEREZCO...», y deja simplemente que tu cuerpo se libere de una carga y adquieras mayor tranquilidad. En ese instante se habrá integrado la creencia, a nivel neuronal, mental, inconsciente y biológico.

Recuerda:

Mente: «Yo puedo – Yo creo (de *creer*)».
Corazón: «Yo quiero».
Vientre: «Yo merezco – Yo creo (de *crear*)».

Practica el ejercicio hasta que sientas que fluye por completo. No tengas prisa; en ocasiones hay bloqueos muy profundos que no conoces, y en este caso no los tienes que conocer, solo localizar en qué punto se encuentra y actuar.

8.5. La mejor versión de ti

Y ahora de nuevo, mira la última imagen de esa mejor versión de ti misma.

Recuerda que tienes todas las herramientas, todos los superpoderes, todos los programas de edición... Eres escultora, pintora, creativa. Con todas esas herramientas que conoces e incluso con las que no conoces o crees que son imposibles, elimina todo aquello que no quieres, que no te gusta. Elimina todas esas palabras y esas frases negativas. Mira qué pasa cuando creas tu mejor versión al incluir un montón de capacidades, al no tener miedo o poder transformarlo y al conectar por completo con el amor: puedes liberar en ti todas las capacidades que quieras y como quieras.

Vuélvete loca haciéndolo, ahí no hay límites. Hazlo con tus manos, con tus palabras. Como si tuvieras magia, sacando de la chistera los cambios que desees con tan solo aplicar la varita mágica.

Deja que eso tenga efecto en la imagen. Observa qué cambios ocurren. Se ve cómo cambia el gesto, el cuerpo, la vestimenta. Deja que se haga, pero tú también puedes hacer, intervenir, cambiar. Es la imaginación, ahí no hay límites.

Es la mejor versión de ti y puedes crearla como tú quieras. No necesitas que sea real ni que te la creas. Haz todos los cambios que necesites. Tómate unos minutos para ello, disfruta viendo esa imagen, observa qué ocurre, qué cambia, qué sientes cuando la ves, cómo ha ido cambiando desde que la creaste por primera vez.

Sobre todo, asegúrate de que sea una mejor versión de ti que cuando miras te hace sentir muy orgullosa, te hace sonreír, te hace confiar. Como el que contempla una obra de arte que no nos cansaríamos de mirar. Observa qué es eso que se va generando en ti, cuando puedes mirar esa mejor versión que a partir de hoy lleva ese círculo de la excelencia delante. Y a disfrutar de sentir todo eso.

Te recomiendo que en los próximos días traigas esa imagen a tu memoria, a tu imaginación, aunque sea un segundo, y la contemples y dejes que te saque una sonrisa o alguna de esas sensaciones tan positivas que causan tanto impacto en tu biología.

Déjate sentir, crecer y crear.

Haz una imagen de ti ahora, la que sea.
¿Cómo te ves?
Cuando la tengas bien creada, con todo detalle, empieza a ELIMINAR lo negativo, cámbialo a tu gusto, sin límites, mejorando la imagen física, las habilidades, los puntos fuertes...
Haz cambios supermotivadores, vuélvete LOCA.
Ve cambiando y haciendo ajustes hasta que sea la mejor obra de tu vida.

LA MEJOR VERSIÓN DE TI MISMA,

¡ACEPTANDO y CRECIENDO!
¡DICIÉNDOTE SÍ, HABLÁNDOTE BIEN, CON RESPETO, SIN VERGÜENZA NI FALSA HUMILDAD, SIN JUICIO, SIN VICTIMISMO Y SIN DRAMA, CON PERDÓN, CON LA SEGURIDAD Y TODAS TUS CAPACIDADES EN EL CÍRCULO DE LA EXCELENCIA! CON CONFIANZA, VALOR Y SIN MIEDO, CON AMOR, CON CUIDADO Y ADMIRACIÓN. PORQUE TÚ PUEDES, TÚ QUIERES Y TÚ TE LO MERECES.

Anclaje de poder

Durante todo el libro has realizado diferentes ejercicios en los que has ido creando una lista de recursos, de capacidades, fortalezas y de cualidades maravillosas que hay en ti.

Ahora, además, eres capaz de reconocer tu valor sin vergüenza ni prepotencia: «Me gusta mi capacidad, mi asertividad, mi paciencia, mi valor, etc.».

Pues bien: ¡ha llegado el momento de anclar todo eso!

Un anclaje es una asociación entre situaciones, objetos, recuerdos… Por ejemplo, si yo siento una profunda emoción porque acabo de recibir un premio y justo en ese momento me entregan un llavero de cristal de mil caras que brillan y lucen y cuando lo miro, una parte de mí vincula la emoción al objeto. En este caso, el llavero sería un anclaje para mí. Esto ocurre muchas veces de manera inconsciente, pero hoy lo vamos a hacer conscientemente.

Si te das cuenta, en la vida tenemos muchos anclajes de todo tipo; yo ahora te animo a que establezcas uno muy positivo, utilizando los recursos de que ya dispones, con algún instante que hayas vivido realmente intenso en seguridad, en alegría, en capacidad, en certeza… Y cuando lo sientas muy intensamente, asócialo a un objeto. En mis cursos lo hemos hecho con tazas: en una taza en blanco escribíamos con un rotulador indeleble las palabras o la frase necesarias para anclar una emoción a ese objeto, de forma que al beber de la tacita, cada sorbo era un poco creador.

También lo hemos hecho con agendas personalizadas, donde cada una escribía su mensaje o diseñaba un dibujo; otras confeccionaron pulseras de tela en las que bordaban una palabra… Caben muchas posibilidades, y la mejor es la que más sentido tenga para ti. Escoge un objeto e imprímele esa emoción, de manera que cuando lo toques, la sientas; y no olvides escribir algo que te recuerde esa sensación de poder creador. A partir de ahí, lleva ese objeto siempre contigo e intenta utilizarlo en el día a día para tener presente todo esto que has aprendido y despertado en ti.

Me encantaría que me enviaras alguna foto y compartirla en la web o en las redes, porque tu idea puede ayudar a otras mujeres.

¡¡Espero tu anclaje de poder creador!!

Valorándote

¿Recuerdas el ejercicio con el que empezaste el libro? El de las dos partes de ti: «Capacidad – No capacidad».

Recupera los dos dibujos, míralos y observa qué ves diferente ahora… ¿Qué sientes respecto a aquella parte de ti que no permitía que tuvieras más capacidad de creación/más poder/más autoestima? ¿Y sobre la parte de ti que te movía a hacer esto y se creía capaz?

Revisa las respuestas de entonces y comprueba lo que ha cambiado, si el dibujo ya no tiene sentido o si se ha modificado la forma de percibirlo. Hazlo aunque no lo entiendas, porque no es un ejercicio para entender ni para explicar, sino un símbolo que sabrá interpretar tu inconsciente.

A continuación, contesta de nuevo sincera y rápidamente a esta valoración. No mires la primera. Ponte en contacto con tu cuerpo y tu interior y anota el número sin pensar, ya que no le corresponde a tu mente analizar los resultados. Después sí, compárala con la inicial, pero solo después. Es una valoración para ti, para nadie más.

Recuerda: valora las siguientes afirmaciones del 0 al 10 (0 es el mínimo de ese concepto o sentimiento, y 10, el máximo):

1. Mi autoestima es…
2. El amor que siento por mí es...
3. Hablo bien de mí (a los demás, a los otros, a mí)...
4. Tengo sentimientos de culpa...
5. Soy sumisa... (Sumisa es la persona que accede a muchas cosas, que se deja llevar e incluso mangonear).
6. Tengo miedo constante... (a muchas cosas, en el día a día).
7. Dudo mucho...
8. Se me hace difícil recibir halagos/cumplidos/afecto...

9. Me cuesta socializar... (si te cuesta mucho es afirmativo y será 10; nada será 0).
10. Cuido mi imagen...
11. Tolero faltas de respeto...
12. Me comparo (me juzgo, me desvalorizo)...
13. Critico...
14. Padezco problemas físicos relacionados con la baja autoestima...
15. Me veo bien, como quisiera...

Ayuda para crear nuevas vidas
Hazte creadora

Creo firmemente que cualquier persona que haya descubierto algo que funciona y que puede ayudar está obligado a compartirlo con la humanidad.

¿Te das cuenta de que, si yo no hubiera escrito este libro, creado mis cursos y compartido todas las herramientas de que dispongo, tú no estarías leyendo esto hoy?

Además, en el caso concreto de la infertilidad existe un sufrimiento adicional por la soledad con que se vive. No lo compartimos, no lo hablamos, no lo contamos… Te preguntan: «¿Para cuándo?», y tú te quedas callada, encerrada en tu dolor.

¿Sabes cuál es la única forma de acabar con este tabú? Que todas le demos un vuelco y lo convirtamos en un problema como otro cualquiera. ¿Cómo sería tu vida si pudieses hablar de ello igual que de una alergia o de una lumbalgia? Nos ahorraríamos tanto dolor, compartiríamos tanto conocimiento, tantos momentos, tantas sabiduría…, que de repente la soledad se transformaría en compañía, en comprensión, en ayuda, de manera que una parte del problema se mitigaría.

Un día, en una conferencia, oí que un tema considerado tabú no está en equilibrio con la sociedad, y por tanto, tampoco en orden con los seres humanos, así que para recuperar el equilibrio yo me he propuesto romper con prejuicios absurdos. ¿Te unes a mi causa?

Te animo a que colabores conmigo en mi misión de ayudar a todas las mujeres que tienen dificultades para quedarse embarazadas, porque tú y yo, juntas, podemos hacer mucho por ellas. Cuando las arañas se unen pueden atar al león.

Cuando yo estaba como tú, me sentía muy muy sola. Es uno de los obstáculos más grandes con los que nos encontramos en esta búsqueda de la maternidad: la soledad con la que vivimos el proceso.

Te aseguro que conozco muy bien la angustia por la que pasas o has pasado, pero todo lo que te cuento en mis libros logró transformar mi vida, mi persona, mi cuerpo y mis resultados. Logré ser madre, y sobre todo disfrutar y aprender mucho del camino hacia el objetivo.

Por otro lado, la experiencia me ha demostrado que el método funciona con muchas mujeres, que han compartido conmigo lo más íntimo: sus secretos, sus preocupaciones, sus culpas, sus miedos…. A todas ellas, ¡felicidades!: por la valentía de abrir vuestras almas y, claro está, por el éxito conseguido.

Quiero agradecerles lo que han vivido y lo que me han enseñado, porque este libro no sería posible sin mis propias vivencias y las de todas ellas. Por supuesto, gracias también a todas las que lo han recomendado. Súmate a nosotras.

Si te ha gustado lo que has descubierto, lo que has aprendido y los cambios que has obtenido, y crees que puede ayudar a otras mujeres como tú y como yo, dalo a conocer. ¿Cómo? Tienes muchas formas de hacerlo:

- Valora el libro y deja tu comentario en las redes sociales de Patricia Bartolomé.
- Hazte una foto con este libro o copia un fragmento y compártelo (no olvides indicar la fuente de donde lo has obtenido).
- Envíame por *e-mail* a lasleyesdelafertilidad@patriciabartolome.com cualquier cambio, descubrimiento, sugerencia o testimonio que pueda ayudar.
- Recomiéndalo o regálaselo a alguien. Piensa en mujeres a las que les puede venir bien. Quizás estén pasando por lo

mismo o quizás pronto se plantearán ser madres. ¿Y si esa mujer cumple su sueño gracias a tu pequeño gesto de ayudar y compartir?

Eso sí: compartir no es reproducir. No fusiles el contenido, no redistribuyas este libro o alguna de sus partes a terceros sin previa autorización. Es ilegal, y no solo te traicionarías a ti, sino también al universo. No piratees mi sueño de ayudar; el karma es más poderoso que tú y que yo, y puede piratear el tuyo. Tengo dos historias muy curiosas al respecto, pero no son objeto de este apartado; te las contaré en otra ocasión.

Si conoces a otras mujeres que no logran ver cumplido su deseo de ser mamás, cuéntales que estamos creando una comunidad donde nos sinceramos, nos apoyamos, resolvemos dudas del libro y nos llenamos de energía para conseguir el objetivo. Escríbeme y te explico cómo pertenecer a este grupo. Recuerda que un grano no hace granero, pero ayuda al compañero.

Y probablemente te preguntes: «Hacer esto..., ¿a cambio de qué?». No lo sé, tal vez a cambio de que el universo te ayude a ti, quién sabe... Lo cierto es que la vida es un bumerán, aunque no siempre lo que damos vuelve a nosotros de la misma forma o de la misma persona; pero si das, recibes. ¡Prueba!

Yo tengo esta rara manía de compartir lo que me ha ayudado. Ya conoces la ley del movimiento: dar... recibir... crear... LA VIDA ESTÁ EN MOVIMIENTO, muévete tú también, no te quedes parada, no bloquees la energía, ¡muévela!

Además, practico un principio desde hace varios años: donar el 10% de todo lo que recaudo con mi trabajo y mis libros para ayudar a otras causas, a ONG y a más mujeres a superar sus problemas de fertilidad, a investigar su origen, con el propósito de acabar con este sufrimiento. Así que como cuando uno pide, el universo le da, te pido que me ayudes. Con nuestra experiencia y nuestros resultados podemos ayudar a más.

Decidas lo que decidas, gracias.

«Las grandes oportunidades para ayudar a los demás rara vez vienen, pero las pequeñas nos rodean todos los días». (Sally Koch)